新書y
016

人権を疑え!

宮崎哲弥【編著】
Miyazaki Tetsuya

洋泉社

はじめに

宮崎哲弥

「欧米の人権の考え方を、イスラームにそのまま適用するのは不当だ」

サウジアラビアのある政府高官は日本のジャーナリストと会見し強い調子でこう抗弁した。今年（二〇〇〇年）の三月から始まった国際人権擁護団体、アムネスティ・インターナショナルによるサウジ批判キャンペーンへの反駁である。

アムネスティは、サウジ国内で行われている拷問を伴う取調べ、公正を欠く裁判、鞭打ちや手や指の切断といった身体刑、斬首による公開処刑などを明白な人権侵害として取り上げ、こうした反人権的司法や残虐な刑罰を阻止すべく国際世論にアピールしはじめたのだ。

サウジ側はアムネスティの非難を、シャリーア（イスラーム聖法）を遵守するウンマ（イスラーム共同体）に対する西欧近代的価値の押し付けだとして、徹底的に争う構えをみせている。

人権概念は果たして普遍的か。この問いは、こうした現実の、具体的な紛争状況のなかでこそ問われなければならない。

他方で、この国のある法律学者は人権に関して次のような見解を表明している。

「人権とは、人が人であることそれ自体から当然に、また『人間性』から論理必然的に認められる、生来の不可侵で不可譲の権利を意味するという。人間が生まれながらにもっている誰にも譲り渡すことのできない、人間として不可欠不可分の権利であるとすれば、個人の権利には至高の価値があり、それゆえに実定法によって奪うことが許されないことになる。この立場をとるならば、人間にとっての究極的な価値である生命についても、他の人を殺す自由とまではいかないとしても、自らの死を選択する自由についても、国家の実定法による干渉は否定されよう」（紙谷雅子「ジェンダーの視点――『私的な領域』に国家はどう関わるか」『アエラムック／憲法がわかる』朝日新聞社　二〇〇〇年。傍点引用者）

思わず目の覚めるような指摘である。

大学で英米法を講じているこの著者は「人権には至高の価値がある」と仮定すれば、国家の規制なしに「他人を殺す自由」が認められる（べきとする）可能性を暗示している。

こういう「徹底的な」言辞に触れると、多くの人が目から鱗が落ちたような気分になるのではないだろうか。普遍的人権とは、究極的には殺人を肯定しかねないほどに危険な、グロテスクな観念だったのか、と。まるでカルト宗教の教義に近いのではないか、と。

その気付きは、ある意味でまったくの誤りとは言い切れない。

少し前に、ある若者がアイロニカルな口調で「なぜ人を殺してはいけないのか」と問い掛けるシーンがテレビで放映されて世上の物議を醸したことがあったが、憲法入門書的な性格の強いムックに収められた概説で、大人の法学者が「他人を殺し得る『人権』があるかもしれない」ということを示唆するほうがよほど剣呑な事態なのではないかと思われる。

だが、かくも極端な、あえていえば「原理主義」的な見解は、ポストモダンを経由した現在の人権論においては必ずしも主流ではない。

留保なしに肯定されている「自らの死を選択する自由」、すなわち「死の自己決定権」にしても、これを人権の範疇に含めてよいかどうか、含めるべきか否かは、いまだ決着をみていない、当分その見込みもない難問とされている。

さらに根本的な批判を加えれば、そもそも引用文中に、あたかも公理のように顔を出す

「人間性」という言葉は一体何を指示しているのだろうか。著者は「人間性」なるものを既定の概念だとでも思っているのだろうか。また、如何にしてその「人間性」から「他人を殺す自由」を導き出すことができるというのか。

同じ引用文で著者は、人命を「人間にとっての究極的な価値」と事もなげに定位しながら、同時に当の「究極的な価値」をも否定しまう「自由」を人権として承認している。それ自体にとって「究極的な価値」を毀損し得る「自由」とは、どのような「人間性」に根ざしているのだろうか。

わずか数行の引用部分のなかに、行論上看過し難い根本的な矛盾を孕んでいるようでは、到底まともな論考として取り扱うわけにはいかない。

分析哲学などの知見を寸借すれば明らかなように、「すべての個人は人権を有する」という命題は客観的な真実を語っているのではない。人類の客観的な歴史を顧みれば、人権の実在や本有が確証されたことはひとたびもないし、これからもそのようなことはあり得ない。この命題が命題として成立可能なのは「すべての個人は人権を有するべきだ」という当為命題、あるいは「すべての個人は人権を有さなくてはならない」という規範命題としてのみである。

当為や規範を示す命題である以上、その正当性を担保するより上位の命題が必要なわけだが、しかし、人権の場合それに該当するものは存在しない。

例えば「人権は『人間性』から導出できる」という言明の正当化根拠を問えば、「なぜなら『人間性』に適った権利こそが人権だからだ」というトートロジーによって答えるしかない。仮に自然法や自然権、あるいは「神の法」を持ち出したとしても、一次的には今困難を回避できるかもしれないが、それらの実在や存在性質を明証できない限り、結局、同義反復の弊を避けることは困難である。

トートロジーであるが故に、学者、論者ごとに持つ各様の「人間性」「人間の本性」の捉え方に応じて際限なく各種の人権が造出され、「人権のインフレーション」「人権の大安売り」現象が起こり、挙句の果てに、私達は「他人を殺す人権」の妥当性などという、いささか社会性を欠いた研究者の「戯論」にまで付き合わされる破目に陥っているのである。

功利主義の鼻祖ベンサムはかかる状況の出来を予測してか、絶対的人権という概念を「大言壮語のナンセンス(nonsense on stilts)」として斥けた。現代でも、本文の拙稿でも触れているプラグマティストのローティは人権概念にはそれを基礎づけるような論理的、哲学的な前提は存在せず、人権は単なる事実状態に支持されるに過ぎないと論じている。

事ほど左様に、人権の実在を疑う余地のない普遍的な価値と捉えることはほとんど不可能になってしまった。人権論の主流はポストモダニズム後の今日、徐々に「人権相対主義」派に移行しつつある。この動向は、言表上はポストモダニズムや文化相対主義に距離を置いたり、批判的な立場を採っている論者をも否応なく巻き込んでいる。

もはや反人権主義者が「人権思想は単なるイデオロギーに過ぎない」と殊更に強調せずとも、そのイデオロギー性、その歴史的、地理的な被拘束性に関しては、ほとんどの論者が異を立てなくなってしまった。

こうしたアカデミズムの状況を意識しつつ、私は数年前より社会評論レヴェル、ジャーナリズム・レヴェルでの「人権論の再構成」の必要性を痛感してきた。

本書は、その巨大な言論の戦野に放たれた嚆矢である。

本書には「劇薬」的、「ショック療法」的とすらいえるほど戦闘的な人権否定論が並んでいる。予め断りしておくが、私は収録した論考のすべてに賛同しているわけではない。一読すればわかるように、拙稿や私の従来の考えと鋭い対立をみせているものすら含まれている。

だが、私はこの新書を一冊で「反人権言説の諸相」を通覧できるものとして世に送り出すつもりだったので、編者として自己の見解を前面に押し立てることを自制した。

当初の企画では、左派、人権主義者内部の「批判派」の論をも収める予定だったが、右派の「反人権論」と同舟するのを潔しとしないというわけか、すべて断られてしまった。

結果として編者である私が一番左派的、人権肯定的という変則的な構成になってしまったことは真に遺憾である。

読者諸賢はくれぐれもこの点を踏まえてお読みいただきたい。

二〇〇〇年九月

宮崎　哲弥

人権を疑え！＊目次

Ⅲ　それでも人権を信じるか

I　人権って何だ

二十世紀最大の迷信「人権」――「人権」跋扈し「人格」亡ぶ

佐伯啓思（京都大学教授）

†「人権」のうさん臭さ

人権という言葉は、戦後の日本では「神聖にして侵すべからざる」言葉となりおおせ、ちょっとやそっとではこの言葉に異を唱えることはできなくなっている。わたしは、思想的に見れば、人権という言葉など、本当はなくてすませればそれに越したことはない、とまずは考えるべきだろうと思っているが、そんなことをうかつに述べれば、たちどころに全人類の敵だと言われかねない。いつの間にやら世の中は人権擁護論者かさもなくば差別主義者に二分されるとでもいうような風潮がひろがり、そうなると人権をいち早く唱えた側に正義が帰属するようになる。こうして人権は正義の印象であるかのように有無を言わせず流通することになる。

戦後の日本では、いくつかの言葉が「神聖にして侵すべからざるもの」となってしまった。「人権」のほかに「平和」がそれであり、「民主主義」がそれである。最近では「環境」もどうやらそうしたたぐいの言葉になりつつあるようだ。「……にやさしい」と言えば、それで善良さの証明になるとでも言わんばかりでもある。こうした言葉に共通する流通のしかたは、世の中を、あるいは人々をいとも簡単に分類してしまい、そこに正義と悪のレッテルをはりつけて、もうそれ以上の議論の余地を奪い取ってしまうことである。人権主義者かさもなくば差別主義者、と同じ理屈で、世の中は、平和主義者かあるいは好戦論者にわかれてしまい、また民主主義者か全体主義者にわかれてしまう。環境保護論者でなければ環境破壊論者だということになる。むろんこれは単純化の暴力と言うべきものであって、実際には、好戦論ではないが、絶対平和主義でもないという立場はあるし、全体主義には反対だが、だからといって民主主義を無条件で是認したくはないという立場もある。同様に、差別には反対するが、しかし、あらゆる問題を人権問題に押し込めてしまうことに疑問を感じる立場もあるのだ。

そうした、むしろまっとうな立場からの議論がますますしにくくなっているのが今日の状況である。

もっとも最近では、「平和」と「民主主義」についてはかなり自由な議論ができるようになった。とは言え、その理由の大部分はいわば「外圧」によるものだということもまた忘れてはならない。日本がもはや、その特異な絶対平和主義を掲げるだけでこの世界情勢に対応できる時代ではないことはだれの目にも明らかだし、また民主主義のほうも、自他共に民主主義の守護神を自任するアメリカの社会的荒廃を前にして当のアメリカの知識人たちが「デモクラシーの過剰」に疑問を投げかけ、日本人も被害者となる銃器犯罪の多発などを見るにつけ、もはやいかなる教条的進歩派といえども民主主義礼讃だけでは話が収まらなくなってしまったわけである。

これに比べると「人権」はいわば最後の聖域とでも言えるかもしれない。とりわけ、人権の観念を一度は政治上の絶対価値にまで祭り上げた西欧にとっては、これは死守すべき価値なのであろう。なかでも、「人権」の観念を軸にして、人種問題の解決をはかり、社会統合をかたち作ってきたアメリカにとってはそうだ。だから少し前のクリントン大統領によるハイチ進攻作戦は（結局、実行されなかったけれど）、軍事独裁政権によって抑圧された人々の「人権」を守るためと宣言され、コソボへの米軍の爆撃も「人権のため」であり、また中国に外交圧力をかけるのも中国の「人権」抑圧に対抗するためだと言われる。そう近年では、アジア諸国が過去の戦時下における日本軍の「人権蹂躙」に関する補償を要求し、またアメリカ国内でも日本企業による強制労働に対する補償要求がもち上がっている。要するに、過去の清算という名目での「人権の逆襲」とでも呼びたくなる事態なのだが、「人権」という大義名分が持ち出されると、いくら釈然としなくとも、正面から反論はむつかしい。

ここで明らかな他国に対する内政干渉が許されるのは、「人権」が国境より重要だからなのである。いわば人権は国より重いわけである。これは言うまでもなく世界人権宣言で採択された立場であるし、実際、たとえば、九三年のウィーンにおける世界人権会議の席上でも、わが国の代表（松永元駐米大使）の次のような発言がこの趣旨に即したものだった。席上、松永代表は、いかなる国で起きた重大な人権侵害に対しても、その国の状況を改善するよう勧奨することは内政干渉ではないということを述べたのである。この「勧奨」の中に武力行使がはいるかどうかは議論の余地はあるだろうが、原則的に、この人権絶対主義からすると、ハイチのようなケースでは、「人権大国」は介入ができるということになる。そしておそらく中国に対しても、さらには北朝鮮に対しても介入ができるという理屈になるだろう。

だがこれはどうみても奇妙なことである。人権の観念を作り育て上げて来た西欧諸国、とりわけアメリカが、いわば『独立宣言』で「あらゆる人は平等に作られ不可譲の天賦の権利を与えられ」と宣言したという理由だけで、他の「全体主義国」に武力干渉する権利を持つということになるからである。ところが、ハイチはともかく、中国にしろ北朝鮮にしろ、あるいは他のアジア諸国、さらにはイスラム諸国では、そもそも人権という明瞭な観念を持たないか、あるいは持つにしても戦後の近代化の中で西洋から移入したものにすぎない。だからこそシンガポールのリー・クワンユーのように人権も含めた西欧の価値観の普遍主義にはあくまで抵抗しようとする選択もありうる。あるいはマレーシアのマハティールもその無条件の受容は拒絶するし、中国も「四千年の歴史」を盾にとってアメリカの人権外交を批判するわけである。

ところがこうした中でクリントンは、中国に対しては経済上の最恵国待遇と人権問題を切り離すという、一見もっともらしい政策に転換した。後にハイチに対しては軍事介入をおしてまで人権の普遍的価値を守ろうとする原則路線を主張するならば、これは明らかに日和見作戦であり、便宜主義である。端的に言えば、中国マーケットの魅力の前に人権の原則を放棄したわけである。そして普段は、人権こそが重要だと唱えている日本の大方のマスコミは、このクリントンの決断にどういうわけか拍手を送ったのである。さらに言えば、北朝鮮との関係においても人権は外交上の問題となりうるにもかかわらず、クリントン政権は今のところ妥協と取引に終始し、なんと金銭で片をつけようとしている。そして日本の政府もマスコミもこれに追従しているというわけだ。

こうした状況を見るならば、人権、人権と言いつつ、一体だれが、本気で人権の普遍性を守ろうとしているのだろうか、という気もしてくる。実際、先にあげたウィーン会議でもほとんど見るべき成果は得られなかった。会議では人権という言葉だけが踊り、むしろアジア諸国から人権絶対主義に対する批判の応酬がなされたという。

おまけに、シンガポールでおこなわれた例のアメリカ青年に対する「鞭打ち刑」は、当のアメリカ国内で反対運動がもりあがるどころか、むしろ結構評判がよいとも聞く。その後、シンガポールに麻薬を持ち込んだオランダ人が処刑された。これもさしたる強硬な反対世論はおきてこない。アメリカでも、たとえば我が国の人権絶対派の主張とは逆に、死刑を含む犯罪者の重刑が強化されようとしているのである。つまり、当の西欧においてさえ、人権の絶対性の観念など実は存在しないかもしくは見直されてきているわけである。

問題は日本である。アジアで唯一の先進的、西欧的国家を建設したと自負する日本は西欧的価値観の普遍性をそのまま受け入れ、人権も民主主義も普遍的であるだけでなく、先進国の証しでさえあると考えてきた。言い換えると人権や民主主義の確立していない国は遅れた国であるということだ。それを国内で言い換えると、人権や民主主義の観念の発達していない人は遅れた人である、ということになる。こうして、人権や民主主義を擁護する先進的な啓蒙的知識人という立場ができる。かれらは自ら西欧的価値観の普遍主義の上に身をおいて、その特権的立場から「遅れたもの」を啓蒙しようとした。

ところが、戦後五十年たって見渡してみれば、日本を除くアジア諸国は人権や民主主義をまるごと鵜呑《うの》みにはしていないという事実がいきなり目にはいってきたというわけである。リー・クワンユーのように儒教を押し出すことが唯一の選択ではないとしても、多くのアジア諸国がむしろアジア的な価値観に改めてこだわろうとしているという状況なのだ。とすれば、ここらで、われわれも、すこし、思想的な問題として、人権の観念をもういちどゼロから考えてみてもよいのではなかろうか。

†「人権宣言」への疑問

言うまでもなく人権の観念はヨーロッパ起源である。そして、もっとも最初にこの考えを述べたとされる一二一五年イギリスの『マグナ・カルタ』は、もともと、封臣などの自由民が慣習的に持っていた自由を国王が無視したことに対する抗議であり、慣習的なものを回復する運動の帰結であった。そこには財産権の保障や合法的な裁判の要求、法による王権の制限など近代法的内容がもりこまれているが、あくまでそれはイギリス人が慣習的に確立してきた既得権を守ることを明記したものであった。

こうした歴史的慣行であったものを人類普遍の権利として高々と宣言したのはアメリカの『独立宣言』と、フランス革命の『人権宣言』だと言われている。しかし、『独立宣言』は、その全体が、イギリス人が本来持っていた権利と同等のものをアメリカ人にも付与することを要求したものであり、確かに「あらゆる人は平等に作られ」とあるが、これはやはりイギリス人に対するアメリカ人の立場を述べたものと見るべきであろう。さもなくば、その後すくなくとも九十年近く続く奴隷制度は理解できない。

これに比べると確かにフランスの『人権宣言』は、第一条として、端的に「人間は、自由かつ権利において平等なものとして出生する」と謳うのだが、それもその前文を見れば、「国民議会は、至高の存在の面前で、その庇護のもとに次のように人および市民の権利を宣言する」とある。「人」と「市民」の区別は多少論議のあるところかもしれないが、それでも、この権利の前提になっているのは国民議会であり、国民議会を構成するものとして、この場合の人と市民は同一視されるわけである。とすれば、ここで宣言される「人」が本当のところ、普遍的で抽象的な「あらゆる人」であるかどうかはいささか疑わしいのではないか。

事実、だからこそ、次のような問題がたちどころに発生したわけである。すなわち、この場合の基本的な権利は「生命、自由、財産」を守る権利なのであるが、生命はともかく、自由や財産を持つ者はブルジョワジーである。とすれば、こうした権利から無産階級は事実上排除されることになる。それゆえ、この場合の「人」を「市民」(ブルジョワジー)ではなく、あらゆる「国民」と解するなら、まずもって、あらゆる国民が財産主でなければならない。権利が同等であるためには、財産もほぼ平等でなければならない。ゆえに、権利の前提として財産の平等化がゆきわたっていなければならないだろう。これを突き詰めてゆけば社会主義に行き着かざるをえない。事実、フランス革命を社会主義革命へいたる第一段階と見ることもできるのである。しかし、言うまでもなく社会主義は人々の平等な権利を追求するあまり、私有財産権を否定した。

要するに、すこし考えてみればわかるが、「あらゆる人」の基本的人権（生命、自由、財産への権利）を平等に保障するなどということはできるはずはないのである。それを人類の理想だと考えるのはその人の勝手である。しかし、マルクス主義者が夢想した共産主義の理想と同様、その理想を現実のさなかにそのまま持ち込めると考えるほど人間はナイーブでもお人よしでもない。

ところが、どうしたわけか、『人権宣言』によって「人」の普遍的な権利が宣言されたと解釈された。それどころかここにおいてはじめて普遍的な人権という近代社会の一里塚が築かれたと解された。ここにこそ輝かしい近代の人権観念の源泉があるというわけだ。考えてみれば妙な話である。一体どのような権利があって、国民議会の指導者たちは、これこそが全世界の全人類に通用する原則だなどと述べることができるのだろうか。アジアもアフリカも見たことのないものが、いかなる権利があって人類の未来に対して自分たちだけが責任を持てると言えるのか。それこそ思い上がりと言うべきものではないのか。

わたし自身は今述べたように、これが決して普遍的な人権の宣言であったとは思わない。しかし、それにもかかわらず、ここに人類の普遍的な権利が主張されてしまっている以上、このような疑問を払拭するのはむずかしい。

†あくなき利己心の権利に

人類の普遍的権利だということは、人権が絶対的な価値を持っているということである。しかし、そもそも現代の哲学で、絶対的な価値の基準などというものがあるのだろうか。ジェファーソンたちが『独立宣言』を書いたときには、まだ「天が与えた権利」と述べられていた。ここではまだしも、天（神）と人間の関係が想定されている。権利の根拠は神にあった。『独立宣言』の思想的基礎を与えたと言われるロックの体系では、自然法が権利の根拠になっている。それ以前の『マグナ・カルタ』では歴史的事実が権利を発生させるとしている。いずれにしても、人を越えたものが想定されていて、その超越者（それが神であれ法であれ歴史であれ）によって人権は保障されたわけである。

だが、神も自然法も歴史も放棄した現代の哲学が、一体どのようにして人権の絶対性を論証できるというのであろうか。実際、現代哲学はここでまったく隘路《あいろ》に陥っているのである。たとえば、法哲学者のドゥオーキンは、社会契約論の考えを使って基本的権利を導き出そうとする。かれは財産権の絶対性を導き、市民的自由の哲学的な基礎を与えようとする。しかし、その同じ契約論の考えから、ロールズは、場合によっては財産権が制限されることが正義にかなっているという結論を引き出す。これらの二つの立場を調停することはできない。言いかえると現代の哲学は、人権にしろ何にしろ、絶対的な価値基準をさししめすことはできないのである。

このような思想の状況が望ましいものではないことは言うまでもない。人は、結局、何らかの信頼できる価値の基準がなければやってゆけるものではないからである。しかし、一切の神話的思想を放擲し、神を追放し、歴史的思惟を軽視してきた現代の思想には、それに代わる価値の絶対的基準を生みだす力は残っていない。いやむしろ啓蒙主義は、絶対的なものを批判し、確実なものの無根拠を暴露し、価値など相対的で主観の領域のことにすぎないと言い放ってきたのである。

こうした系譜の頂点にニーチェがおり、マルクスがおり、フロイトがいる。彼らは絶対的な価値基準などありえないとした。おまけに確かで理性的な人間などというものもありえないとした。さらに言えば、ニーチェは、道徳など怨念のかたまりである人間が生み出した欺瞞だといい、マルクスは、人間を生存のためにあい争う存在以上のものではないとし、フロイトは、人間は無意識の欲動によってつき動かされているものだとした。そして今世紀の思想や哲学は、すこし前にわが国でも大流行した「ポスト・モダン思想」も含めて、ことごとくこの巨人たちの影響下におかれているのである。

こうした哲学の影響を受けたものが、何のためらいもなく「人間ってすばらしいものだ」などと言うとすれば、ほとんど知的な犯罪である。人権思想を生み出した人間中心主義、あるいは人間至上主義のゆきついた果てがニーチェやマルクスやフロイトなのである。丸裸の人間そのものを価値の中心におき、人間だけが自由に価値を作り出せるとするならば、当然のことながら一切の価値の基準などなくなってしまう。人権が至高のものだということももはや言えなくなる道理なのである。

その結果どうなったか。たとえば人権という思想の核にあるのは次のようなことだけである。人権は、権力、とりわけ近代社会の場合には公権力や組織の権力から個人の権利を保護するものである。国家権力に対抗する人権、公権力に対抗する個人の権利、こうした図式だけが残った。言い換えると、人権は哲学や思想の問題ではなく、政治的運動のスローガンになってゆく。むろん、このことに実際上の重要性がないわけではないし、またそれなりの歴史的背景を持っていることも事実である。

しかし、その場合、やはり前提になっているのは次のことだ。すなわち、個人の権利は国家といえども神聖にして侵すべからざるものだということである。たとえばたとえ凶悪犯罪者であるとしても、国家がその生命を奪うことは人権に反するという。そしてこのことをささえる信念はなにかというと、われわれは個人としてかけがえのない人間であり、人間ほどすばらしいものはないということなのである。

これはひとつの信念であって、先にも述べたように決して哲学的に論証できるような筋合いのものではない。問題はこのような近代人の信念がどう見ても安物の偽善にしか聞こえないという点にある。神は全能で栄光に満ちたものである、というのもまた信念で、これは随分長い間とりわけヨーロッパを支配したし、イスラムやユダヤ社会はまだこの信念を保っている。人間はすぐに思い上がるものだから気をつけなければならない、というのも一つの信念であり、これは古典ギリシャを支配していた。文明や制度を作るものは人間ではなく歴史であるという信念はイギリスの自由主義者の核心にあるものだ。個人は家族や国家に尽くさなければならないというのはかつての日本人の信念であり、いまでもアジアの大方の人の信念である。

こうしてみると、日本人やアメリカ人や中国人というカテゴリーから歴史や習慣や文化といった衣装をはぎとって丸裸にして「個人」や「人間」と称し、この剥き出しの個人を、剥き出しの人間を、ただそのままで礼讃するなどという信念はいかに安上がりのものかと思えてくるではないか。人を取り巻く舞台装置として、それは宗教も、歴史も先祖も国家も必要としない。ただそこにありのままの人がいればそれだけでよい。言うまでもないことだが、人はそれだけではよくも悪くもない。人はやさしいと等分なほどに残虐で、利口なのと同じぐらいバカであり、理性的なのと同時に感情に動かされる。しかし、この両極を揺れ動きながら辛うじて作り出してきた制御装置が宗教や国家や歴史なのであり、それこそが文明というべきものであったのである。こうした装置とともにしか人間はありえない。従って、権利や、あるいはそれに相当する観念も、それぞれの人間が生きて来たそれぞれの文明の場を離れてはありえないのである。

何物にも侵されることのない人権という思想は、このように人間を取り囲み、丸裸の人間を保護する宗教や国家や歴史、つまり文明の装置をむしろ敵視する。それらはア・プリオリな人権にとっては障害なのである。だから自然権論者は、まず宗教と、続いて歴史（習慣）と、そして国家と争うことになった。

だが文明の装置をはずされた剥き出しの人間を礼讃することとは、人間のありのままの欲望を、とりわけ近代社会では無限の利益の追求を、人より優越しようという願望を、そのまま肯定することである。ところが、皆が皆、この欲望を膨らませて、己の利益の算段だけに走れば、人はホッブズが描いたようにお互いに衝突し収拾のつかない事態となる。そこで、基本的人権なるフィクションを導入することによって、生命、自由、財産に関しては人々の安全を平等に確保しようとしたわけである。だから、もともとそれは、自分の生の安全確保を主張したものにすぎない。だが、このことは、本来、同時に他人の安全への配慮を含んでいたはずである。簡単に言えば、自分の生命、自由、財産の安全を確保したいのなら、あんまり他人に失礼なことはするなというわけである。

ところで、この、「他人にあまり失礼なことはするな」というごく当然の道徳的判断を自然に生みだすものは、ひとつの社会の経験や宗教や習慣といったものであろう。ひとつの社会は、普通、その価値体系のなかに、自然に、「あまりに失礼なこと」を抑制する価値の機構を持っているものである。

だからそういう道徳的機構を全部はぎとって剥き出しの人間からはじめると、「他人に失礼なことはするな」の部分が抜け落ちて「権利」のほうだけが一人歩きする。人は自分の自由や財産を追求することを権利として認められているわけである。さらには『独立宣言』が宣言したように、近代人は、自由や財産だけではなく、「幸福を追求する権利」も手にいれた。要するに、近代人のあくことのない利己心が権利として認められたということだ。

†「人格」が不要になった

こうして自己の幸福を目指したさまざまな活動が「権利」の名で擁護され、主張されることになる。労働権や教育権はともかく、日照権や環境権、それに嫌煙権というようなものまでが「権利」とされる。これらは基本的人権ではないにせよ、その派生物であることはまちがいない。自分の幸福追求が社会的権利として大手をふって歩く。人は、他人が福祉かなにかの恩恵に預かれば、自分にも同じ権利があるという。人が幸福になれば、自分にも同じように幸福になる権利があると考える。

日照権や嫌煙権が奇妙なのは、これらはもともとちょっとした迷惑であるはずのものを、わざわざ権利という観念ですみずみまで管理しようとするからである。人間の社会的生活などちいさな迷惑やら大きな迷惑の連接であろう。それの大きさを計って小さなものはうまくやり過ごすのが社会生活の知恵であろう。タバコの煙りなど、吸う側にそれなりのマナーさえあれば、文字どおり他人を煙にまくことぐらいできるはずだ。それが権利の問題にされることによって、問題が法と制度のほうに移行してしまい、人間が排除されてしまう。迷惑をかけないとか、うまく処理するとかは人格の問題である。あるいは処世と常識の問題である。人は、ここで常識や処世術をとおして社会や歴史とつながっているわけで、それこそが人格の一部を作っているのである。それを権利の問題にしたとたん、このつながりはぱったりとたたれてしまう。人は法を守るか守らないかどちらかに分類されて終わりとなる。

福田恆存氏はかつて、こうした権利というものに過度に寄りかかることによって、人は「悪や利己心の克服を自分の能力や責任の問題とする事を避け、それを外部の物的メカニズムに肩代りして貰はうとする」と書いている（「人権と人格」『人間不在の防衛論議』所収）。摩擦や葛藤を人格のうちに引き受けず、それを「外部のメカニズム」つまり法や制度にゆだねてしまい、制度のもたらす正義だけを無条件で受け入れるとき、人はだれでもいとも簡単に善人になれるし、正義漢にもなれる。だがこのとき、人から人格は失われてゆく。権利は残るが人格は失われてゆく。このように福田氏は言うのである。的を射た論評だと思う。

同じようなことを、『黒い憂鬱』というエッセイの中に見て取ることができよう。著者はシェルビー・スティールという黒人のライターで、「公民権運動以後」のアメリカの黒人問題のおかれた位相を見事にえぐり出しているのだ。

この中で著者は言う。公民権運動によって確かに黒人は権利意識に目覚め、現に権利を与えられてきた。しかし、それにもかかわらず黒人の地位は決して高まらず、それどころか悪くなっているのはなぜか。それは公民権運動を機に、黒人に「被害者としての権利」を与えたからである、と彼は言う。黒人は黒人であるというだけで集団的被害者と認められ、その結果、黒人自身が、この集団的な被害者の中に自らを閉じ込めた。被害者であることは、政治的には権利の主張であり、権力を与えることとなった。だから黒人は、自ら被害者の中に自閉した。「黒人は被害者であること、そして貧しさをこっそりと選択してきた。窮状にあまんじていることが、われわれの唯一の力の源泉だったからである」

この「被害者としての権力」を維持するために黒人が生み出した神話は、黒人は善良で無垢だということである、とスティールは言う。黒人が無垢ならば、人種差別に責任があるのは白人の側になるからだ。しかし、黒人が無垢であることを証明するには、黒人は永遠に貧困の中にいなくてはならない。もし、公民権によって人種差別が解消されても黒人の地位が良くならないとすれば、それは黒人個人個人の側の問題になるであろう。そうすると彼らは社会から勝ち取ってきた賠償を放棄しなければならなくなるだろう。

結局、「被害者としての権利」に固執することは長期的には何も生みはしない。黒人という被害者の権力に閉じこもることは、人生に対する個人の責任を放棄することだ、というのが彼の主張なのである。

スティールの議論が、現在の黒人問題のすべてではないにしても、ある重要な面を描いていることはまちがいないだろう。このことの意味をわれわれは正面から考えてみる必要がある。

†無残な単なる政治的運動

ところで先日の新聞（九四年九月十七日付け産経新聞）に磯村英一氏が自らの体験を踏まえて、慰安婦問題について書いておられた。磯村氏によると、戦後アメリカ占領軍によって日本人慰安婦の斡旋要請があった、という。磯村氏は、当時、慰安婦であったと思われる人をたずねたが、「昔の恥を思い出させるのか」という返事に返す言葉がなかった、と書いておられる。

今、一方、海外では次々と日本軍の従軍慰安婦だったという人が名乗りを上げ、賠償による解決を期待している。むろん、これはどちらがどうというのではない。恥を忍んで名乗りをあげなければならないほど傷が深かったのだと言うこともできよう。しかし、海外の従軍慰安婦の中にも、もう思い出したくもないと名乗りでない人もいるはずだ。確かなことは、実際に深い傷は賠償金などではとても解決できるようなものではない、ということである。

慰安婦を強制することが恥じるべき犯罪行為であることは言うまでもなかろう。その上で、強いて言えば、「被害者としての権利」を放棄して堪え忍ぶ生き方もやはりあるのである。そのほうがよいと言っているのではない。「権利」の行使は一様ではないと言いたいだけである。

一般論として誤解を恐れずに言えば、すでに述べたように、もはや哲学的な価値の基準を失った「権利」の主張は政治的運動にならざるをえない。あるいは司法的事項にならざるをえない。そしてそのうえで「補償」という金銭的次元に移行せざるをえない。慰安婦問題について言えば、過去の強制行為に対して金銭がはらわれることになる。つまり、形の上で、慰安婦は売春婦になるということだ。当人ももちろん、本当には望んでいないようなこうした「解決」に、「権利」のゆきついた無残な姿が見える。

実際、こうしたことは本当には解決でもなんでもない。本当に踏みにじられた人格の大切な部分は、金銭でおきかえられるものではない。この無残な不可能性の自覚だけが内面に価値を維持するのである。「権利」の主張は、政治的・司法的運動となる。言い換えると、権利の主張は「権力」をめぐる問題となるのである。これは当人の意図とは関係のない力学の必然である。「アメリカの人種問題の核心は、人種はたんなる人種ではなく、権力を求める集団であることだろう」とスティールは書いているが、公民権はまさにこうした力学を要求したわけである。そしてこの権力をめぐる闘争の中では、ものごとはせいぜい妥協（それもたいていの場合、金銭ではかられる妥協）に落ち着くだけで、決して解決にはいたらないのである。

福田恆存氏が危惧したのは、「権利」が自己主張の場となることによって、「権利」を深いところで支えている人格に対する透察、相互の人格に対する敬意を、人は、ますます失ってゆくのではないかということである。「人格」はそれ自体でよいものなのではなく、よくしていかなければならないものである。人格に対する敬意は、自己責任や、自立や健全な判断力といったものを伴う。このレベルでのみ人々はお互いに共感し、信頼することができるのだ。この共感がずたずたに引き裂かれたところで「権利」だけを唱えても、そうすればするほど権力をめぐる争いに人は閉じ込められてゆくことになる。

「人格」は憲法や宣言のように文言でかけるものではない。それを作るのは、個人の意志と同時にひとつの社会のありかたなのである。それは、その社会の集団的経験の蓄積である文化や価値や歴史と無関係ではないのである。他人に対する配慮や礼節や礼儀は、当然のことながら、ある程度の高度な秩序を作りあげた社会には備わっている。こうした価値を生む、人々の相互の共感を抜きにして、ただ抽象的な「権利」を唱えても、それはさらさらとマスコミの紙表を流れてゆくだけだ。「人格」に対する信頼がなければ、共感など得られるわけはないからである。「共感」がなくなれば「人情」もなくなるだろう。「人情」のない世界で「人権」だけが唱えられるのも不気味な話ではないか。

近代社会の困難は、社会の基底にあるはずの、こうした共感や人格を、むしろずたずたに引き裂くことを進歩とみなしてきた点にある。共感や人格と不可分な文化や歴史（集団的な経験）から切り離して、いわば外部の「物的メカニズム」として「人権」が自立できると考えたことにある。

このような方向がもはや近代の不可逆な動きだというのなら、それはやむをえないことではあろう。実際、わたし自身も、そういうメカニズムの恩恵を得ることがないなどというわけにはいかない。たとえば、わたしが、いきなり何の理由もなくだれかに拘束されたり、理不尽な扱いを受ければ、わたしは確かにわたしの「人権」に訴えるであろう。わたしの家族とか友人とかが理由なく非情な目にあわされれば、やはり彼らの「人権」を盾に争うであろう。そしてその同じ状況を「人権」のお陰で救われているものがいることもよく知っている。だが、本心を言えば、わたしは、わたしを、あるいはわたしの親しいものを理不尽に扱ったものを、できればこの手にかけたいと思う。しかし、むろん、現代では「復讐権」などというものは認められていない。いかに凶悪な犯罪者であっても、偽善的で巧妙な卑怯者であっても、平等な「人権」を持っているからである。したがってわたしは、やむをえず、「復讐権」を放棄して、一切を制度という「メカニズム」の手に委ねざるをえないのである。これが近代社会なのである。そしてこの近代社会に生きている以上、わたしもそのルールに従う以外にない。そして確かにこのルールの上でわが身の安全も保障されてはいるのだが、その構図全体が、近代というもののやむをえない宿命だとまずは言うべきであろう。これはまぎれもない進歩というより、やむをえない選択なのである。冒頭に述べたように、素直に言えば、「人権」の観念などなくてすますことができればそれに越したことはない、というのはそういう意味なのである。

（初出・『新潮45』一九九四年十一月号。本稿はこの初稿に若干手を加えた）

形而上学としての人権思想

呉智英（評論家）

†人は右、車は左は真理ではなく取り決めにすぎない

人は右、車は左。小学校に上がる前から頭に叩きこまれている交通規則である。人間は心臓を身体の左側に持っている。臓器の中でも最重要の心臓が左側にあるため、利き腕は九割の人が右手である。利き腕が心臓を守るようになっているのだ。すれちがう時も自然に身体の右側を相手に向けたくなる。自動車のようにスピードが出る移動機械を操縦する場合、こうした心理はもっと強く作用する。したがって、人は右、車は左、という規則は、自然の反映、自然の要請である。

と言っていいだろうか。

もちろん、そんなことはない。人右車左はイギリスとその影響下にある国、また日本などに限られており、アメリカやヨーロッパ大陸では逆に人左車右が採用されている。そして、このちがいによる交通事故の死亡率が有意の差で観察されるとの報告もない。沖縄は一九七二年の施政権返還まではアメリカの統治下にあり、交通規則も人左車右であった。これが同年五月一斉に人右車左に変わった。ごく一時期にごく一部で混乱はあったものの、それ以後沖縄で交通事故が激増したわけでもなく、また激減したわけでもない。

人は右、車は左。これは確かに重要な規則ではあるけれど、人為的に作られたものであり、自然に準拠したものではない。真理でもなければ普遍的でもない。もしこれを真理であり、普遍的であり、人間の本性《ネイチュアー》のしからしむるものだと主張する人がいたとしたら、その人は馬鹿か狂人か、あるいは何かの意図を持って言っているかだろう。

ところで、私は交通規則の話をしたいのではなかった。人権の話をしようとしているのだ。

†人権イデオロギーは朱子学イデオロギーの近似物

中央公論社の「日本の名著」シリーズは、奈良時代から近代までの重要な思想家を網羅したもので、三十年以上にわたってロングセラーとなっている。取っつきにくい古典作品は現代語訳で収録され、各巻にはその思想家を専攻する研究者が解説を書き、全体に読みやすくて水準も高い。大学生が教科書・参考書として読むのはもちろんのこと、学者でさえ参照・引用することもある。

そんな「日本の名著」の第十六巻は『荻生徂徠集』である。編集・解説は尾藤正英、江戸思想史研究者としては五指に入る斯界の権威だ。解説文は、二段組で五十五ページと、これだけでちょっとした文庫本一冊になりそうなぐらい堂々たるものである。その結論部、「近代化の二つの側面」と小見出しされたところで、尾藤は、徂徠の近代性を評価して次のように言う。

社会の分業体制の中に各個人を正しく位置づけることが、為政者たる者の使命であるとし、またその与えられた職分に応じ、天命に安んじて、それぞれの職能を発揮することが個人の生き方の基本であるとした徂徠の考え方は、たしかに近代の方向を指向していたとみることができそうである。

こうして徂徠の近代性を一応は評価しながらも、反面、次のような疑問も尾藤正英は投げかける。

しかし、「近代」という観念から私たちが思い浮かべるものには、もう一つの側面がある。それは個人主義・自由主義ないし民主主義といった理念によって代表される側面であるが、これらの理念、あるいはその基礎をなしている基本的人権の観念といったものを、私たちははたして徂徠の思想から導き出すことができるであろうか。

私はこれを読んだ時、憮然となった。私は徂徠の専門家ではない。しかし、専門家の著作によって徂徠の重要性を知り、せめて「日本の名著」でなりとその思想に接してみようと思った。現に、その尾藤正英の解説によって、徂徠の履歴、学風、思想形成などがよくわかった。ところが、結論部で「基本的人権の観念といったものを、私たちははたして徂徠の思想から導き出すことができるであろうか」ときた。

そんなもの、導き出せないにきまっているではないか。そもそも、基本的人権の観念を導き出せなかったら、それが何か悪いことなのだろうか。

われわれは、江戸時代の人がテレビを見ていなかったからといって、それを否定的に評価しない。テレビは二十世紀になってから人工的に発明されたものである。徂徠の生きた十七、八世紀にテレビがないのは当然のことだ。だから、徂徠がテレビを見ていなかろうと、飛行機に乗ったことがなかろうと、これによって徂徠の思想的評価は左右されない。

しかし、仮に徂徠が身近な人の死にも心を動かされないような人間だったとしたら、これはその評価に関わってくる。程度や態様の差はあっても、身近な人の死を悲しむのは自然であり、その分普遍的だからである。

フランス革命による人権宣言より六十年以上も前に死んだ思想家、それも東洋の日本の思想家である荻生徂徠から、基本的人権の観念を導き出せるか否かを問うのは、徂徠はテレビを見たのか否か、と問いつめるのと同じぐらい馬鹿げたことである。

当の徂徠は『経子史要覧』で次のように言う。

「一代には一代の制作あり。世につれて何か変化するものなり」（片仮名を平仮名に改めた）

人為によって制作されたものは、また人為によって時代ごとに変わる。これが徂徠思想の重要な核である。しかし、徂徠が批判した朱子学では、そうではなかった。政治制度、社会イデオロギーは、「制作物」ではない。人為（作為）によらない自然物なのである。つまり、天の摂理の反映、具現化として、政治制度、社会イデオロギーはある。政治の頂点にある人物を「天子」と称するのも、このためである。

人権思想も自らが天の摂理の反映であるかのようにふるまう。「天賦人権説」という言葉がこれをよく象徴している。天子がそうであるように、人権も「一代の制作」にすぎない。自然ではなく人為である。交通規則の人右車左が、何ら自然に依拠したものではないのと同じように、人権思想も何ら自然に依拠したものではない。

しかし、知ったかぶりの半可通が、心臓が左側にあることを理由に人右車左が自然にかなったものであると主張しかねないように、いや、それ以上に一種の迷信の如く、人権の真理性、人権の普遍性が人々の頭に浸潤している。この迷信は相当にたちが悪い。尾藤正英のような官許昌平坂学問所《とうきょうようだいがく》の教授をも呪縛しているからである。この点でも、人権イデオロギーは朱子学イデオロギーの近似物である。

†人権宣言はなぜ形而上学的なのか

人権思想は作為的な制作物である。それでいて、自らは、宇宙の摂理と連動した自然の理法であると主張する。こうした人権思想のねじれた性格は、「形而上学的」と評することもできる。

形而上学とは、個々の実在物を超えた真理を研究する学問といった意味だが、その真理なるものの真理なるゆえんは証明できるわけではない。別言すれば、証明できない真理を前提にして構築された妄想体系ということになる。俗に言うイデオロギーである。朱子学（宋学）が形而上学であることは思想史上の常識だが、人権思想が形而上学であることは、奇怪な「二重構造」の中で隠蔽され続けている。この二重構造については後述するとして、人権思想が形而上学であることは、当の人権主義者（のうち誠実な人たち）によっても認められていることだ。

岩波文庫『人権宣言集』は一九五七年の初版以来版を重ねる基礎文献集である。もちろん、この本の編者たちは人権思想の普及・確立を目的としてこの本を刊行した。ところが、その本の解説に、一七八九年フランス革命に際して発せられた「人権宣言」の傾向の第一として「形而上学的傾向」が挙げられているのだ。

人権宣言はなぜ形而上学的なのか。解説者の山本桂一は言う。それは「時間的空間的に限定された諸原理」によるものではなく、証明不能な「普遍的原理」によるものだからである。「時間的空間的に限定された諸原理」とは、人為的な制作物としての原理という意味である。はじめのほうで述べた、人は右、車は左という交通規則がその好例である。もしこれを「普遍的な原理」に基づくものだと主張したら、明らかに形而上学的であろう。

それと同様の形而上学的傾向を、人権宣言の傾向の第一として挙げなければならない。と、私が言うのではなく、『人権宣言集』の編者が言っているのだ。

その形而上学である人権宣言では、証明不能な「普遍原理」として一体何を妄想しているのか。それは「[宣言の]前文における至高の存在 Etre Suprême」である。

これは英語で言えば Super being、日本語では「至高の存在」とも「最高存在」とも訳される。至高あるいは最高の存在なのだから、これは神のことである。しかし、この神はフランス革命の指導者ロベスピエールらが考案した人工神なのである。

われわれは、人工神と言うと、抽象的で理念的ないわば宇宙の原理とも言うべき格言や数式のようなものを思い浮かべがちである。しかし、この最高存在は、新興宗教の御神体と同じく狂熱的な崇拝の対象物であった。フランス革命時、パリのシャンドマルスには最高存在を祭る巨大な築山《つきやま》が作られ、そこには依代《よりしろ》の樹が聳え巫女《みこ》たちが最高存在を称えながら狂ったように踊った。その周りを何万人もの人権に目覚めた民主的な市民たちが歓喜の表情で取り巻いた。パリだけのことではない。シャンドマルスのミニチュア版は、いくつかの地方都市にも分祀されるように築かれ、同じような祭典が行なわれた。その異様な光景を描いた絵をわれわれは美術史の中に何作も見ることができる。

人権宣言は「最高存在の面前で、かつその庇護の下に」（人権宣言前文）発せられたのである。

しかし、人権思想のこうした性格は、小中学校や高校の義務教育・準義務教育の中では決して語られることはない。また、新聞やテレビなどマスコミでもまず語られることはない。

人権思想は、改変可能な人工制作物ではなく、人間の本性《ネイチユアー》に基づく不易の真理である、しかるが故に、全世界・全時代に適用さるべき公準であり、人権問題とは、人権の恐怖を論ずることではなく、人権の不徹底を批判することである。常にこのように語られている。

しかし、さすがに大学ではそんな妄想を学問と称することはできない。政治学、社会思想、西洋史など、いくつもの講義が、仮にも学問の名において行なわれる以上、妄想を前提にし、妄想を敷衍《ふえん》するものであっていいはずはない。だからこそ、これらの講義のテキストにしばしば使われる岩波文庫『人権宣言集』では、人権宣言の傾向の第一は形而上学的傾向であるとしているのだ。

そうすると、ここに奇怪な「二重構造」があることがわかるはずだ。教育程度の低い一般民衆には人権思想は不易の真理であると教え、高度な教育を受けるエリート青年には人権思想は人工的なイデオロギーにすぎないと教える、という二重構造である。

こうした二重構造は、戦前の侵略主義・軍国主義の基盤となった天皇制イデオロギーにも存在する。尋常小学校では天皇は現人神であると教えられ、記紀の記述は真実であると教えられる。しかし、旧制高校以上の高等教育の授業では、そんな馬鹿なことは教えられない。天皇は法律に基づく国家機関であるし、皇室は万世一系のはずはないし、記紀の記述は神話にすぎない。そう教えなければ、エリートは育成できないからである。この二重構造は、仏教用語を借用して天皇制イデオロギーの「顕教・密教」と通称されている。理解力の乏しい愚かな民衆のために方便として広く説かれる教えが顕教、理解力のある優れたエリートのためだけに密かに説かれる真実の教えが密教である。これと同じ構造が天皇制イデオロギーにあり、この二重構造こそが強固に天皇制を支えてきた、というわけだ。

だが、この顕密二重構造は人権イデオロギーにこそ明白である。しかも、民衆の覚醒を目指すはずの人権イデオロギーが、民衆に顕教という麻薬を与え、妄想の甘いまどろみを世界中に広めようとしていることは、奇怪としか形容できない。

†人権真理教のマインド・コントロールの実例

尾藤正英は、荻生徂徠から基本的人権を導き出せるだろうか、と問いかけた。導き出せるはずもないし、導き出す必要もないし、導き出せなかったからといって反省するようなことでもない。そもそもこの問題設定が馬鹿げているのだから。

むしろ、尾藤正英は、徂徠が朱子学イデオロギーの解体を目指した思想的な方法を、現代にいかに適用できるかと問うべきであった。なぜならば、尾藤が編集・解説した『荻生徂徠集』が刊行された一九七〇年代こそ、現代の朱子学イデオロギーと呼ぶべき人権イデオロギーが猛威を振るいはじめた時期だからである。現在なお衰えることを知らぬ言葉狩り、言論の御不自由、表現の御不自由、学問の御不自由は、ほとんどがこの時代に端を発している。この御不自由の具体例は、ここでは一々挙げない。しかし、容易に推察できるようにわれわれの思考と想像力に対する重大な桎梏となっている。

徂徠に学び徂徠から導き出すべきものがあるとしたら、人権《しゅしがく》イデオロギーではなく、その解体なのである。それなのに、尾藤正英は人権《しゅしがく》イデオロギーへの忠誠心を見せている。先にも言ったように、人権の真理性・普遍性という迷信は、この著名な学者の頭脳をも深く浸潤していたのである。

尾藤正英だけのことではない。現代人の心に深く忍び込んだ迷信的宗教、人権真理教のマインド・コントロールは、学者、研究者、評論家、ジャーナリストの判断力を狂わせている。たとえば、支那思想研究家として確実な業績のある溝口雄三は『方法としての中国』（東京大学出版会、一九八九年）で、次のように述べている。

「自由、平等、天賦人権」といったヨーロッパの「先進」思想は、たしかに人類史に対するすぐれた寄与であり、これは普遍的に全人類に共有されるべきものであり、これは決してアジアの相対的独自性なるものによって価値的に個別化・相対化されてしまってよいものではない。ただわたしが言いたいのは、その価値が人類史的に普遍的であるというその普遍性は、様態の如何にまでは及ばないということで、だからそれらは決してアジアにそのままの様態では移植されえない、ということである。

ステロタイプな人権思想を支那社会に適用しようという声に対する批判である。「ヨーロッパの『先進』思想」と、かっこをつけて書いているように、ヨーロッパ思想に対して必ずしも全面肯定ではなく、慎重公平ではある。だが、溝口の言うように、自由、平等、天賦人権が、本当に「人類史に対するすぐれた寄与」であるのか、「普遍的に全人類に共有されるべきもの」なのか。

自由、平等、天賦人権、といった疑うべからざる公準を疑わなければならないところまで時代は追いつめられている。自由、平等、天賦人権を実現するための民主主義を究極の形で出現した収容所国家ソ連は、一九九一年に崩壊した。また、自由、平等、天賦人権を高く掲げた民主主義革命軍が、老人や子どもも含む〝反革命勢力〟をじつに三十万人も虐殺したヴァンデの蛮行は、一九八九年のフランス革命二百周年を機とする研究の中でようやく明るみに出るようになった。人権は様態の差はあっても普遍的真理である——のではない。そもそも普遍でもないし真理でもないのだ。

しかし、尾藤正英や溝口雄三ら年配の研究者の場合はまだましである。尾藤は、徂徠から基本的人権の観念を導き出せるかと問いかけただけだし、溝口は、すくなくともステロタイプな人権論に関しては歯止めをかけようとしている。もう少し若手の一九七〇年代以降に青春期を送った知識人には、トンデモ思想に等しいことを言う人も出てきている。

日本中世史を専攻する聖徳大学教授野口実は、『武家の棟梁の条件』（中公新書、一九九四年）で、異常なことを書いている。

武家は暴力をその本質としたのであるから、刑罰の主体もまた暴力にほかならなかったのである。武家が公家・寺社勢力を圧倒し、中世社会に支配的地位を占めるにしたがい、この武家の刑罰体系が全面化していくことはいうまでもない。現在でもヤクザの世界にみられる「指つめ」（断指刑）やこれと似た体質を持つ一部地域の学校で行なわれている丸刈り強制（髪切り刑）は、中世武家社会で民事的な人権を否定されていた身分の低い階層（凡下）にたいして行なわれた刑罰にルーツを求められる。

野口実は、何と中世武家社会に人権がなかったと慨嘆しているのだ。不始末の決着である指つめと集団帰属の表明である丸刈りを同一視するのも滅茶苦茶だが、それは一応譲るとして、人権否定の一点で、指つめと丸刈りと中世の武士を一括りに論じるのには唖然とする。こんなトンデモ思考が許されるのなら、北京原人の人肉食も人権無視という観点から弾劾されなければならないだろう。もちろん、丸刈り強制と一括りにしてである。タイムマシンが発明された暁には、野口を委員長とする人権無視糾弾委員会を五十万年前の北京に派遣し、断乎たる糾弾運動を展開してもらいたい。

また、こんなことを書いている学者もいる。

支那文学を専攻する奈良女子大学教員筧《かけひ》久美子は、『図書』（岩波書店）二〇〇〇年一月号でこう書く。

宋代の偉大な学者として尊敬される朱子学の創設者朱熹《しゆき》が、熱心な纏足《てんそく》推進者だったという指摘を読んだときには呆れたものだが、彼は「男性優位」論のオピニオン・リーダーだったのだ。「偉大な」学者といえども、学識と人権感覚が常に一致しているわけではない、それを示す恰好の例だといえよう。

今から八百年前の朱子に人権感覚が欠如しているとして、この筧久美子も憤慨しているのだ。しかも、朱子は単なる庶民ではなく、学識がありながらなお人権感覚がない、と怒っているのだ。正気の沙汰とは思えない。もちろん、朱子がではなく、筧がである。

筧久美子はなぜ八百年しか歴史を遡らないのだろう。野口実には五十万年遡ってもらったが、筧には二百万年遡ってもらおう。今から二百万年前、中東部アフリカのオルドバイ渓谷にオーストラロピテクスが住んでいた。彼らは石を打ち欠いて石器を作った。簡単なものとはいえ文明の利器である。これは輝かしき文明の曙光である。しかし、オーストラロピテクスには人権感覚は萌芽さえもなかった。そのうえ、嘆かわしいことに、オーストラロピテクスの人権感覚欠如について、どんな詳細な考古学の本も一行たりとも言及していない。筧にはタイムマシンに乗ってもらわなくてもいいから、こうした欠陥本を出す出版社を次々に批判の血祭りに上げてもらいたい。

†人権抑圧とは、人権という抑圧のことである

一九三五年、国体明徴運動が起きた。美濃部達吉の天皇機関説排撃と連動してである。前にも言ったように、戦前の天皇制国家は巧妙な二重構造、天皇制イデオロギーの顕教密教構造に支えられていた。冷厳な国家理性・国家理由がそれを求めていたからである。しかし、この頃から巧緻に満ちた二重構造はそのバランスを失い始める。蓑田胸喜らの狂信的天皇主義が次第に勢いを得るようになる。

尾藤正英、溝口雄三、野口実、筧久美子を並べてみると、これに酷似していることがわかるだろう。尾藤、溝口の場合は、人権イデオロギーの顕密二重構造はそれなりに作動してい

る。しかし、野口、筧になると、顕密二重構造さえかすんでしまっている。特権性を持った、それ故に冷静で厳密な学問も、人権明徴の動きに呑み込まれているのだ。現在、人権翼賛体制はほぼ成立しかけている。

このような狂気の時代に、正気を保つには何をなすべきか。

ものごとを人権に帰納して語らないこと、人権から演繹して語らないこと。これに尽きる。交通規則の人右車左に帰納して語れる何かがあるだろうか、人右車左から演繹して語れる何かがあるだろうか。そんなものがあるわけがない。これと同じことだ。

ただ、交通事故の当事者となった場合、人右車左が問われることはあるだろう。しかし、その場合も、人右車左が真理だからでも普遍だからでもない。単なる取り決めにすぎない。したがって、広大な原野では人右車左は守る必要はない。緊急事態には守らなくともよい。外国では守るとかえって生命が危ない。

これだけのこと、ただこれだけのことである。

一九四〇年から四四年にかけて、若き学徒丸山真男は、ほとんど遺書のつもりで三本の論文を書いた。現在それらは『日本政治思想史研究』としてまとまっている。全世界を一元的に説明する朱子学イデオロギーがどのようにして崩壊していったかを、思想の内的過程として跡づけたこの論文は、同時に、軍国主義の狂気の時代がやはり同じように終わりを迎えるはずだという自己鼓舞の書でもある。丸山に遥かに劣る私にも、人権明徴運動や人権翼賛会が跋扈《ばっこ》する現代が狂気の時代であることがわかるという程度の知性はある。そして、思想の歴史に学ぶことによって、いずれこれが崩壊するだろうと確信ができる程度の見識はある。

二十一世紀には、人権抑圧とは人権への抑圧ではなく、人権という抑圧のことであると、明らかになるだろう。人権問題とは、もちろん、人権の恐怖といかに闘うかという問題である。

Ⅱ　人権論議のここがヘン

人権論の再構成――「被害者の人権」を中心に考え直す

宮崎哲弥（評論家）

†人権についての基本的誤解

――具体的な事例から訊きましょう。

未成年者や精神病者による残酷な殺人事件が起こるたびに思うのですが、加害者は実名も写真も報道されず刑罰も減免されるのに、被害者の側は実名、顔写真が公に晒され、プライヴァシーまで暴かれかねないリスクを負わされています。

加害者の人権ばかりが厳重に守られ、被害者の人権は等閑視される。これはどう考えても不条理に思えますがいかがですか。

●あなたの感じられる「不条理感」は直覚として正しいものです。まして、そうした犯罪の被害者や被害者の遺族の心情を推し量れば、不条理という言葉すらも軽々しく思えるほどでしょう。

しかし、そこで「人権」という概念の適用が妥当かどうかというのは、直覚や心情とは取り敢えず別の次元の問題です。

人権とは、第一義的には憲法で保障された基本的人権を指します。憲法における人権保障とは、国家による不当な抑圧から個々人の生命、自由、財産などを守る制度であって、本来それ以上でもそれ以下でもありません。人権問題とは、原則として公対個の関係、即ち対国家、対地方自治体の局面においてのみ表在化するのです。

したがって加害者、つまり捜査段階では被疑者、公判段階では被告人、処罰段階では受刑者は、国家権力によって嫌疑をかけられ、身柄を拘束され、取り調べられ、裁判を受け、刑罰を科せられ、場合によっては縊《くび》り殺されるわけですから、その処遇が人権問題であることは論を俟ちません。

ところが、被害者や被害者の遺族の立場は、直接的には対公権力の関係にありませんから人権問題の領域にはあるとはいえないのです。

こう述べると大抵の人は非常に怪訝《けげん》そうな顔をし、心外という態度を露わにします。ならば加害者によって侵害された被害者の人権はどうなるのか、と。

これは問いそのものが間違っています。こういう問いが発せられること自体が人権についての根本的誤解に基づいているのです。

個人は他人の人権を侵害することはできません。ある私人Aがある私人Bを殺害したとしても、これは人権蹂躙ではありません。

ある精神科医がテレビでドメスティック・ヴァイオレンスの事例を取り上げて、「これは完全な人権侵害です」などと断定しているのをみたことがありますが、この人もまた、人権という言葉を誤用しています。

ドメスティック・ヴァイオレンスは暴行犯や傷害の該当する可能性が高い、刑法上の問題ではありますが、人権問題ではありません。

†なぜ誤解は生まれるのか

このような誤った理解は、人権という概念を「人間が生まれながらにして固有している権利」という辞書的定義を丸呑みしたことに発出しているようです。

この定義自体はある意味では正しいのです。「人間が生まれながらにして固有している権利」＝人権でも間違いではないのです。

にもかかわらず、この定義を十全として丸呑みすれば決定的誤謬となります。

何故でしょうか。

この定義には、人権という権利を主張すべき相手の名前が明記されていないからです。それはいうまでもなく公権力、国および地方自治体です。

私たちが「人権を尊重せよ」と訴えられる相手はあくまで国家公権力であって、私人ではないのです。

このことは民法上の私権を考えるとより鮮明になります。

たとえば、私人Aと私人Bがある商品の売買契約を締結したとしましょう。ところが売り手Aが品物を引き渡したにもかかわらず、買い手Bは代金を支払ってくれません。

これは単純な契約違反ですが、BがAの人権を蹂躙したとはいえません。AがBに主張できるのは「人権を守れ」ではなく、「契約を履行しろ」とか「商品を返還しろ」とか「支払いの遅滞によって生じた損害を賠償しろ」とかのはずです。

ところが同じように金銭的賠償を求めるにしても、公務員による不法行為を原因とする国家賠償ならば人権問題となりえます。

ことほど左様に、人権の辞書的定義における重大な欠落は公権力という宛先が不明なのです。ですから、人権＝「人間が生まれながらにして固有している国家公権力に対する権利」と書けば定義としてかなり改善されます。

この限定は大きな意味を持っています。

まず名宛が明示されたことによって、自然法や天賦人権といった考え方が限定され、相対化されます。

自然法思想とは、簡単にいえば実定された法以前に人間は義務や権利といった観念を有しており、しかもそれは永久不変の人の本性に根ざしたものであるといったイデオロギーです。

近代以前はその人間の本性とは神や天の意志によって規定されるというのが常識だったのですが、近代以降は論理的な推知によって導きうるとされるようになりました。

けれども、こうした見解は本質主義的誤謬というべきものです。「人間の本質は〜〜である」であると予め（法以前に）規定する誤った思考に嵌っています。

たとえば「結婚することは人間性の自然に適っている」とか「異性愛は人間の本性である」とか「私有財産の保持が人たるものの核である」とか「自分の生まれた国への愛着は人倫の基礎だ」といった言明が不変でも普遍でもなく、単なるローカルな信念に過ぎないことはいまや火を見るよりも明らかでしょう。

かかる本質規定は、直ちに「結婚しない者」「同性愛者」「宗教上の理由などから私有財産を放棄する人」「生国を愛していない人」を人間の枠組みから排除してしまいます。

人間という概念が相対性が明らかになった現在、人権の台石として自然法を据えることは不可能に近いのです。

ただ私は一方で、自然法思想を完全に否定できるかという点には疑問を持っています。この論点は最後に触れます。

第二に「国家」という人権主張の宛先を明記することによって、人権概念の消極的、防御的性格が明らかになります。

つまり人権とは決してポジティヴな概念ではなく、あくまで国家権力が何らかのアクションを起こしたときに、それへの反作用としてはじめて表在化するものであるということです。

したがって「被害者の人権」を主張する場合、それが加害者に向けられたものである限りそれは誤りとなります。被害者側が加害者側に直接主張できるのは、民事上の不法行為に基づく損害賠償請求のみです。しかし、それは私権であり人権ではありません。

†刑罰はなぜ存在するのか

では刑罰は、なぜ存在するのかと疑問に思われるでしょう。刑罰は誰のために、何のために科されるのかと。

答えは簡単です。国家のために科される、国家社会の秩序を守る目的で科される、です。

これ以外に考えられません。

国家が犯罪者を処罰するのは、直接的に被害者や被害者遺族の応報感情を満足させるためではありません。

刑罰の目的とされているものは多様であり、学説もいろいろあります。

ごく一般的なものとしては、
（1）刑罰の威嚇効果等による犯罪の防止
（2）犯罪行為自体に対する国家社会からの報復
の二点が挙げられますが、学説も一様ではなくいま一つはっきりしません。

しかしここで重要なのは、個々にア・プリオリに内在している人権を守るために設けられているわけではないということです。

もちろん現実の裁判においては、被害者ならびに被害者遺族の感情が無視されるわけではありません。多いに考慮され量刑を左右する場合も少なくありません。

にもかかわらず、それは刑罰の本質問題とはいえないのです。

たとえば、私の妻子が何者かによって惨殺されたとしましょう。その時私が如来のごとき深遠にして宏大なる慈悲の心をもって、この犯人の罪をすべて海容し、刑罰を免除したいと申し出たとします。裁判所はこの願いを果たして聞き届けてくれるでしょうか。答えはノーです。

逆に、妻子を嬲《なぶ》り殺しにした憎むべき犯人を司直に委ねるのでは飽き足らず、私が自らの手で殺害したとします。犯人は成人であり精神に異常はなく、かつ証拠は万全で裁判に掛けられれば死刑が確実です。私は犯人を殺した罪を免れるでしょうか。答えはやはりノー。おそらく執行猶予は付くでしょうが無罪放免になることは考えられません。

このことからも明瞭なように、刑罰とは、お上が被害者や被害者の遺族個人になり代わって仇を取ってやることではないのです。

近代国家は、下属するすべての個人、あらゆる共同体から仇討ちの自由、加害者に制裁を加える権利を召し上げています。だから、被害者が犯人を自らの意思で赦すことも、また犯人を勝手に罰することも国家によって禁じられているのです。

どうして国家は私刑や自力救済を禁じたのでしょうか。

まず第一に考えられるのは、暴力を実行する権限を国家に集中させたかったという理由です。確かに、アメリカを除くあらかたの国で、銃器という殺傷装置を合法的に携行できるのは警察や自衛隊など国家権力の機関のみですし、合法的な殺人が許されているのも国家機関だけですから、この理由づけはかなり説得的です。国家は合法的実力行使の権限を独占することによって君臨と統治を実現しているというわけです。

第二に血讐や敵討ち、私闘が横行すると社会の秩序が混乱するという理由が考えられます。この説には、江戸時代などはむしろ敵討ちは武家の義務として奨励されてすらいたが、秩序は安定していたではないかという反論が考えられます。確かに、公の規制と監視の下に行えば、敵討ちが秩序紊乱に直結するとは考えられませんから、第二の説明はかなり根拠薄弱といえるでしょう。

いずれにしても刑事法の原理は、最初から被害者や被害者の遺族の積極的役割を認めていません。刑事裁判はあくまで国家公権力vs.被告人の対向が原則です。端的にいえば、被害者は蚊帳の外の存在に過ぎないのです。

冗談ではないと思う向きもあるかもしれません。しかし、これが近代刑法の原理原則です。刑法は個々の人権を守ることが目的なのではなく、公共の利益、社会秩序の維持を守るためにあるのです。

以上に述べたことを総合しますと、

（1）人権は対公権力の関係において表在化する。
（2）刑事手続は、公権力と加害者の対向において進められ、被害者は当事者ではない。
（3）したがって、犯罪の加害者が人権の問題域に入るのは自明だが、被害者側はそうではない。

ということになりますね。

†専門家の態度が一般人の人権概念を混乱させる

――理論上はそうなのかもしれませんが。どうも納得ができません。何かとても公平感や倫理感覚に反するような気がします。

●まあ前述のとおり、現実の裁判では被害者の意思をまったく顧慮されないわけではありません。

またマスコミなどによる報道の行き過ぎについては、当然被害者側もプライヴァシーの侵害を訴えることが可能です。ここでは被害者側の人権を押し出すことができる可能性があります。

それはどういうことかというと、先ほどから私は、人権は対公権力の関係においてはじめて意味を持つと説いてきましたが、近年の人権学説はこの公権力の概念を拡張し、国や地方自治体に準じるような巨大な社会的権力――たとえば大企業やマスコミ――に対して個人が人権を楯に対抗することを認める方向性を示しているからです。これを人権の「私人間効力」と呼びます。

また、加害者に対してではなく、国家に対して犯罪被害者への公的な補償や扶助を求めていくことも可能です。被害者救済は国家の国民に対する義務である福祉の一部というわけです。

このように刑法体系の枠外においてならば被害者の人権論を構成することも可能です。けれども、人々がまず「加害者によって侵害された被害者の人権」が存在し、それと「加害者が罰されることによって剥奪される人権」とを均衡させることが公正な刑罰のあり方であるという見方を前提としているとすれば、それは二重の意味で誤りです。

人権についての誤りと刑罰観に関する誤り。一私人は他の私人の人権を侵害することはできません。何度もいうように、人権は対公権力との関係においてはじめて概念として浮かび上がるものだからです。また刑罰は一私人の報復感情を直接代替するものではありません。応報刑説を採った場合でも、そこでいう応報とは社会全体の犯罪者への報復という意味なのです。

†懸念される人権のインフレーション

ここまで解説したことは、現行刑法の考え方の骨格であって、何らオリジナルな見解は含まれていません。法学部の学生ならば一、二年の憲法や刑法の授業で教わる内容です。けれども興味深いことに、法学者や法曹は私がいま示したような明解な見取り図を提示することを避けようとします。彼らはいかなるわけか「人権なんてものは実体ではなく、仮構に過ぎない」という事実を認めたがらないのです。かといって古臭い自然法思想を無条件に信奉するわけにもいきませんから、彼らの法思想上の立場は畢竟曖昧で晦渋なものとならざるを得ません。そうした専門家の態度が一般人の人権概念を著しく混乱させています。

人権概念は戦後社会のなかで観念的に肥大化し、かつ空疎化しました。ありとあらゆる立場に人権という言葉が付着し、あるいは「新しい人権」が創設され、闇雲に振り回されはじめました。

たとえば「妻の人権」などというものが真顔で論議されたことすらあります。「妻の人権」を一体誰に向かって主張するのでしょうか。夫に対してでしょうか。しかしその伝でいけば夫には「夫の人権」が内在することになります。「夫の人権」と「妻の人権」について、誰が、いかなる資格で優劣を決するのでしょうか。二つの「人権」の衝突をどうやって調整したり、裁定を下したりするのでしょうか。このように使われる「人権」という言葉はまったく意味のない空語です。

もちろん夫婦関係においても、ドメスティック・ヴァイオレンスのように刑法事案が持ち上がったり、私権上の紛争が発生する場合があることは言うまでもありません。しかし、家庭内の紛争が直ちに人権問題に発展するなどということはあり得ません。

「新しい人権」の創設も度が過ぎると、他の人権との抵触問題を引き起こしたり、人権の陳腐化を促進したりします。プライヴァシー権や肖像権の確立はよいとしても、歴史的文化的環境権や嫌煙権となると果たして人権に繰り入れるに相応しい内容か怪しくなってきます。

近年、一部の法学者のあいだでもようやく人権概念の濫用傾向が問題視され、「人権のインフレーション」「人権の安売り」の可能性が懸念されるようになりました。

国際法学者の大沼保昭氏は、人権として構成され、法的機構によって強制されることに馴染まない価値までが人権化され、その名において追求、実現を図られている現実を指摘し、その弊害を次の二点にまとめています。(『人権、国家、文明——普遍主義的人権観から文際的人権観へ』 筑摩書房 一九九八年)

(1) そうした人権の氾濫現象が、人権の法的権利性そのものへの疑問を招き、その規範性を衰弱させ、やがて本来人権によって守られるべき価値をも否定してしまうことに繋がる。

(2) また本来法的メカニズムに馴染まない価値を人権化することは、人間の生活を過度に「権利」中心に発想し、表現し、あらゆる価値実現や紛争解決を法的メカニズムに委ねることを意味する。このように人権を骨節として構造化された社会は、人権の性質からどうしても自己主張的、対決的、強制的色彩を過剰に帯びることになる。

大沼氏は以上の問題点を提示し、「人権理論はただ単に人権の増加やさまざまな価値の人権化を、『進歩』『発展』として無批判に受け入れることがあってはならない」と戒めています。

†理解できない「人権感覚」という言葉

――しかし、戦後の進歩的法学者たち、とくに憲法学者たちは「『憲法感覚』を生活に！」とか「『人権感覚』を養おう」などといったスローガンを掲げてきました。これは間違いだったというわけでしょうか。

●歴史的経緯については考量すべきですが、基本的には間違いです。

世の中では「人権派弁護士」などというふざけた物言いが流通しているでしょう。しかし弁護士である以上「人権派」であるのが当り前です。もし「人権派弁護士」なる概念が実効的な意味を持ちうるとすれば、当然その対極に「反人権派弁護士」「非人権派弁護士」が厳存しなくてはならないわけですが、実際には存在しないでしょう。「悪徳」という枕詞がお似合いの弁護士は一杯いますが。

もし「人権派弁護士」の内実が、自分の依頼人たる被疑者、被告人の人権を十二分に擁護しようとする弁護士のことを揶揄したものだとすれば、こういう言葉遣いをして恥じない言論人は、近代法の原則をいささかも解さぬ斉東野人《せいとうやじん》というべきです。

弁護士が、法廷で依頼人の権利を最大限主張しなくてどうするんですか。まして、刑事被告人は最も正しい意味で人権を国家権力によって脅かされている当事者なのですから、弁護士がそれを保護しようとするのは理の当然、自明のことです。

もしそうしない弁護士がいるとすれば、彼は弁護士としての職責を果たしていないことになります。弁護士は須《すべか》らく「人権派」でなくてはなりません。

また世間ではときとして、凶悪事件の犯人に対して「野獣に人権はない」などという言い方が罷り通ったりしていますね。「オウム信者に人権はない」とかね。

こんな馬鹿げた言い回しはレトリックとしてだって許されてよいはずはありません。

もし人権が認められないのだとすれば、国はその者を即座に、好き勝手に処遇、処分できます。取調べも裁判も必要ありません。無罪の推定も適正手続きもまったく無用です。身柄を拘束したらさっさと抹殺してしまえばよいのです。

人権のない状態とはそういう境遇のことです。けれども「〜に人権はない」と言い放つ人間は、そこまで過酷な仕打ちを期待しているわけではありません。

度し難いことに、この放言の裏には、人権とは個々人に内在するポジティヴな価値を保障するものである、という前提が厳存しているのです。

「ケダモノのような凶悪犯に人権などない」という一見「反人権」的な言説は、「およそ人間らしい人間には無条件に人権が内在する」という人権本有論を裏側から支持しています。

しかし、人権は人為によって構成された擬制です。この場合ならば「野獣のごとき凶悪犯だからこそ人権が認められる」といわねばなりません。

けれども、保守派が好んで使う「人権派弁護士」なる貶称が不適切である以上に、あるいは「野獣に人権はない」という言い回し以上に、進歩派の法曹、法学者、ジャーナリストが掲げてきた「人権感覚」なる用語も適当性を欠いています。

そもそも「人権感覚」とは一体どういう「感覚」を指示しているのでしょうか。正直いって私にはよく理解できません。

これまでみたように、人権とは消極的、防御的性格の強い、非常に操作的な権利概念ですから、感覚というきわめて自然的な心的現象とそぐうわけがありません。

あえて文脈から推し量れば、人権が内包している諸価値、すなわち生命、財産、自由、平等の尊重を感覚化した状態を指し示したいのでしょうが、そもそもそうした価値をすんなりと感覚と化すことができるならば、人権などという概念は必要ないのです。そうした価値が実現困難であり、感覚化することが不可能だからこそ人権という概念が要請されたのです。「人権感覚」という言葉遣いはこのことを隠蔽し、人権をポジティヴな実体的概念であるかのように見誤らせるものです。

同じように愚かな言葉遣いとして、あなたも挙げられた「憲法感覚」なるものがあります。これもまた憲法の本質とは何かが少しも理解できていない者のみが弄することのできる空語であります。

†護憲論者・改憲論者の錯誤

憲法とはいかなる法律でしょうか。憲法の基幹とは何でしょうか。いうまでもありません。憲法とは国家権力に掣肘《せいちゅう》を加え、国家の行動の自由を規制する法です。

日本国憲法を一瞥すれば、「〜されない」「〜してはならない」「〜を保障する」という語尾で終わっている条文が多いことに気づかれるでしょう。それらの条文には、国家への禁止と命令が書き込まれています。国民は国家によって「～されない」、国家は国民に「～してはならない」、国家は国民に「～を保障する」という構文なのです。

国家への禁止と命令こそが憲法の人権条項のエッセンスであり、それ以外の部分は統治制度についての取り決めとつけたりに過ぎません。

国家を宛先とする禁止や命令を、どうして国民である私たちが感覚化しなければならないのでしょうか。

「憲法感覚」という言葉は、かくも奇妙な主張を含意しているのです。

この進歩派、とくに護憲論者の錯誤は、保守派、とくに改憲論者の錯誤とも通じています。

この国の愚かな改憲論者は、憲法改定にあたって次のような改善点を挙げます。

「現在の憲法は権利の項目ばかりが多く、国民の義務が書き込まれていない」

こういう愚論が堂々と罷り通り、「論憲」の一部を成すと考えられているのですから呆れるほかありません。

讀賣新聞が二〇〇〇年三月に行った憲法に関する全国意識調査によれば、憲法改定が要請される理由として「権利の主張が多すぎ、義務が疎かにされているから」という項目を挙げた人が三〇・八％にも上っています。さらに憲法調査会のメンバーである国会議員に同じ問いを質すと、じつに四三・六％が改めるべき点として「権利過多、義務過少」を挙げているのです。このことからみても、日本の「民度」の低さはおよそ絶望的といえます。

繰り返し述べているように、憲法は国家を名宛とする禁止や命令を書き込んだ条文を基幹とする法典です。言い換えるならば、人権規定こそが憲法の中核なのです。国民に対する義務規定のごときは、刺身のつまに過ぎません。現行の日本国憲法に限らず、憲法とは歴史的にそういうものなのです。

「権利ばかりが多く義務が少ない」のがいけないという論者は、憲法改定ではなく、憲法の廃止を訴えるべきでしょう。

「明治の元勲」の憲法観は、現在の保守派の改憲論者などよりもずっとまともでした。

大日本帝国憲法の起草者の一人である伊藤博文は、「臣民権利」を「臣民ノ分際ト修正セン」とした森有礼に答えて、次のように反論しています。

「抑憲法ヲ創設スルノ精神ハ第一君権ヲ制限シ第二臣民ノ権利ヲ保護スルニアリ、故ニ若シ憲法ニ於テ臣民ノ権利ヲ列記セズ、只責任ノミ記載セバ憲法ヲ設クルノ必要ナシ」（樋口陽一

『人権』三省堂　一九九六年）

伊藤博文は、君権、すなわち国家権力を制限し、臣民、すなわち国民の権利を保障することが憲法を設ける主眼であると断じているのです。

昨今の愚昧な保守主義者の憲法観、人権論が、「明治の元勲」の認識にも遠く及ばないことが浮き彫りになっています。

†より深刻な日本人全体の憲法・人権に関する「民度」

しかし問題は改憲か護憲かといった、ポレミックな領域に限られた話ではありません。問題の本体は、人権の是非を論議するずっと以前の段階にあるのではないでしょうか。

私はこの国の民草が本当に、権利とは何か、義務とは何かを理解しているのかという点について、大いなる疑問を持っています。

とても感慨深い意識調査の結果があります。

NHK放送文化研究所は、一九七三年以来五年ごとに「日本人の意識」に関する大規模なリサーチを行っています。この調査項目のなかに、私がかねてより注目している国民の権利意識に関する設問があります。
それは次のようなものです。

問：以下の選択肢のなかから、憲法によって義務ではなく、国民の権利と決められているのはどれだと思いますか。いくつでも挙げてください。

選択肢

〈ア〉「思っていることを世間に発表する」（表現の自由）
〈イ〉「税金を納める」（納税の義務）
〈ウ〉「目上の人に従う」（目上に従順）
〈エ〉「道路の右側を歩く」（右側通行）
〈オ〉「人間らしい暮らしをする」（生存権）
〈カ〉「労働組合を作る」（団結権）
〈キ〉「わからない」

一九九八年の調査結果は、〈オ〉の生存権を選択した人が一番多く全体の七五％を超えています。これに対し、〈ア〉の表現の自由を選んだ人は三七％、〈カ〉の団結権を挙げた人は二三％と少数派で、その比率は何と納税義務を示す〈イ〉の四二％にすら及びませんでした。（ＮＨＫ放送文化研究所編『現代日本人の意識構造［第五版］』日本放送出版協会　二〇〇〇年）

しかも時系列的な変化をみると、〈ア〉〈カ〉を憲法上の権利として挙げる人の数は年々減少し、〈イ〉の「税金を納める」を権利と看做す人は年々漸増しているのです。

この事実をどう捉えればよいのでしょうか。

公法学者の安念潤司氏はこの調査結果について、「憲法は、欧米においては自由の守り手、特に多数決原理の支配する民主主義のもとでは少数者の自由の守り手たるところにこそ、真価があるのに対して、日本人の目には『暮らしの守り手』と映っている」との分析を加えています。（「特異な日本人の憲法観」　日本経済新聞　二〇〇〇年四月一九日　朝刊）

それにしても、この数字にはどこか西欧に準拠した人権観、憲法観を身に附けた人間の思考を脱臼させてしまうような、奇妙さがあります。

先に憲法とは国家への禁止、命令に関する条項を基幹とすると述べました。なかんずく、歴史的には「国家からの自由」を規定した自由権の保障こそが人権の要諦中の要諦とされています。それらに比べて、国家が積極的にアクションを起こさなければ実現できない内容の人権規定は本来追補的条文であり、自由権に対して従属的なのです。まして国民の義務を記した条項などは蛇足といっても過言ではありません。

にもかかわらず、生存権のごとき従属的な社会権的人権が憲法上の人権として最重要視され、あまつさえ最も基本的な自由権である表現の自由よりも納税義務を権利として認知する人のほうが多いという現状をどのように捉えればよいのでしょうか。

私はこのような「特異な」憲法観、権利観を有する国で、欧米の口まねのような「人権論議」を交わして何か意味があるのかどうか、大変疑問です。

†人権は果たして普遍的概念か

——なるほど、すごい数字ですね。欧米流の人権概念は、欧米とは異なる歴史的、文化的背景を有する国、地域では通用しないのではないかという議論も出てきていますね。ことに中国やイスラム諸国などはそう主張しています。この数字をみる限り、日本における人権受容もかなりの変質を遂げているようです。

人権は普遍的概念ではないのでしょうか。

●それは非常に難しい問題ですね。

多文化主義者たちが指摘するとおり、あらゆる文化が欧米と同じように人権概念を受容し、根づかせることができると考えるのは妄想でしょう。

プラグマティストのリチャード・ローティは、ボスニアでムスリム人を車で次々と轢《ひ》き殺したり、互いにペニスを食い千切らせているセルビア人を評して、彼らはムスリム人を「人間」の範疇に入れておらず、彼らを残忍な方法で迫害しても「人権」を侵しているという意識がないと述べています。(「人権、理性、感情」『人権について――オックスフォード・アムネスティ・レクチャーズ』　中島吉弘、松田まゆみ訳　みすず書房　一九九八年)

しかし、私はなお人権には個別文化を超える特質があると考えます。少なくとも国民国家というシステム、法や裁判といった制度を導入した社会ならば、時間がかかり、独自の変容を遂げようとも、やがて人権および人権保障的メカニズムを受け入れるものと考えます。

何故ならば、先にも示唆したとおり、人権が内においては消極的、防御的性格の強い、非常に操作的な概念だからです。人権は、感覚や感性、情動といった自然的な心的現象と一線を画しています。感覚、感性が各文化共同体によって大きな枠組みを与えられるとするならば、人権はそのメタ・レヴェルに位置する抽象概念です。その関係は、母語と世界共通語（リングワ・フランカ）の関係に似ているといえるかもしれません。

人権はその防御的、操作的性質によって、素朴な感覚よりも論理階梯が一段階高いレヴェルに属し、下位の感覚を制限する働きをします。先にもみたように、だからといって文化共同体からの影響を完全に絶縁できるわけではありません。

しかし、内に向かっては消極的な人権概念が、外に向かってはきわめて積極的な働きを果たす可能性があります。さまざまなヴァリエーションに、いわばさまざまな「方言」に枝分かれしてしまったとはいえ、それは国民国家というシステムを採り入れた社会の共通言語、認識の共通基盤になりうるからです。

先の意識調査結果によって、大多数の日本人が「表現の自由」や「団結権」といった人権を「納税義務」ほども権利として評価していないことがわかりました。

それはやはり嘆かわしい状況ではありますが、しかし他方で最も選好された「人間らしい暮らしをする」＝生存権の保障はそれはそれで重要な人権ともいえます。

そして、人間らしい暮らし、人間らしい生存とは何かという考察から自由権や労働基本権に至るという、欧米とは逆順の人権の発展の仕方もあるように思えます。

しかしここで、より重要なことは「人間らしい暮らし向き」を望む心には、おそらく文化や宗教の差異を超えた普遍性が具わっているという事実です。

自然法思想に論及した際、私は自然法の理念をすべて否定し、弊履《へいり》のように捨て去るのは早計に過ぎるのではないかと留保しました。私は、「人間らしい暮らしをしたい」と望むこと、さらに根源的には「生存を維持したい、生を長らえたい」と欲することは、人類共通の本性であり、それは取りも直さず新しい普遍的倫理の基盤となりうるのではないかという「取り敢えずの仮説」を温めています。

最後に、以前にも引用したことのある、アメリカの倫理学者、マーサ・C・ヌスバウムの、愛国主義者への「返答」からとても印象深い一節を引いておきます。

「国家という観念についていくらかでも知るようになるずっと前に、あるいは特定の宗教について知るようになるずっと以前にさえ、子どもは飢えや孤独について知っている。愛国主義と出会うよりずっと以前に、子どもはおそらく死と出会っているのである。イデオロギーが干渉するよりはるか以前に、彼らは人間性について何ごとかを知っているのである」（傍点引用者。『国を愛するということ』　辰巳伸知、能川元一訳　人文書院）

実名報道こそが加害者の人権を認め更生を促す行為である

髙山文彦（ノンフィクション作家）

†画期的な判決

大阪の堺市でシンナーを吸った十九歳と半年の無職「少年」による連続殺傷事件が起きたのは、一九九八年一月八日のことである。「堺通り魔事件」と呼ばれるその事件を私は取材し、『「幼稚園児」虐殺犯人の起臥』というタイトルで『新潮45』一九九八年三月号に五十枚の短編作品として発表した。犯人の家族から話を聞き、彼の生い立ちや家族関係、凶行におよぶまでの過程を詳述し、その氏名を実名でしるした。編集部は中学卒業時の顔写真を掲載した。

この作品が名誉棄損で訴えられたのは、実名報道と顔写真の掲載が、二十歳未満の犯罪者にたいしてその後の社会復帰や更生を意図する少年法に反しているとされたからである。つまり犯人である少年を特定する報道は今後の少年の更生の妨げになり、プライバシー権の侵害であるとされたのだ。原告は犯人とその家族だったが、刑事裁判を受ける被告を支援しようとするいわゆる「人権派弁護士」の一団によって、この行動は起こされている。彼らは二千二百万円の損害賠償を、私と編集長に求めてきた。

同時に刑事告訴もおこなった。こちらのほうはいまだに検察から事情聴取の要請がないのでどうなるのかわからないが、相手側弁護士は六十八名も名前を連ね、猛然たる勢いなのである。

名誉棄損裁判の一審は、二百五十万円の賠償を私たちに課して一九九九年六月九日に終わった。ところが八ヵ月あまりのち、状況は一変する。二〇〇〇年二月二十九日、二審の大阪高裁は私たちにたいして「逆転無罪」の判決を下したのだ。裁判の焦点は、憲法二十一条の「表現の自由」と憲法十三条の「基本的人権」をめぐる対立だったが、判決文からその趣旨を抜粋すれば、「表現の自由」と「基本的人権」の侵害との調整においては、

〈表現行為が社会の正当な関心事であり、かつその表現内容・方法が不当なものでない場合には、その表現行為は違法性を欠き、違法なプライバシー権等の侵害とはならない〉ということになる。事件が人びとのこころの底を揺るがす重大な関心事であって、その事件を取材した作品・記事の表現内容や方法がたんなるセンセーショナリズムを目的としたものではなく、節度をもって真実を伝えたものならば実名報道は許される、つまり「表現の自由」が実名報道を禁じた少年法六十一条に優先すると述べているのである。

†「堺通り魔事件」とはどんな事件だったか

ところで、「堺通り魔事件」とはどのような事件だったのか、犯人の男が被告として裁かれる刑事裁判に提出された冒頭陳述書から抜き書きしてみる。彼は現行犯逮捕された。シンナーの常用者である。

被告人は、プレハブ小屋前の道路に出た所で、同道路を南に向かって徒歩で登校途中のA子を約三〇メートル前方に認め、同女を包丁で刺し殺してやろうと決め、「ウォーッ」

と大声をあげながら走って同女を追い掛けた。同女は、異常な気配を感じて走って逃げたが、つまづいて転倒してしまった。同女に追いついた被告人は、殺意をもって、両手をついて前かがみにしゃがみ込んでいる同女の背後から包丁で同女の背部を一回突き刺した。さらに、被告人は、包丁を振り回しながら、立ち上がった同女の頭部等を数回切りつけるなどした。同女は、被告人の攻撃から逃れるため、悲鳴をあげながら必死で西方に走って逃げ出した。（中略）

被告人は、同女を追い掛けたが、同女が逃げて行った方向に幼稚園の送迎バスを待っていた幼稚園児や母親が多数おり、これらの親子も、被告人が包丁を持って右A子を追い掛けて来るのを認めて、驚がくの余り、悲鳴をあげながら、蜘蛛の子を散らすようにその場から逃げ出した。

被告人は、その中の一人であったB子が逃げる途中転倒し、うつぶせに倒れているのを認めるや、（中略）同児を殺そうと決意し、転倒したままの同児に対し、持っていた包丁で背部を二回突き刺した。

さらに、同児を抱きかかえ、その上からかばうようにしてその場にしゃがみ込んでいた同児の母親であるC子を認めるや、右同様に同女をも殺そうと決め、同女に対し、持っていた包丁を力を入れて振り下ろすようにして、背部を三回突き刺したが、急に恐くなって、包丁を同女の背中に突き刺したままの状態で現場から逃走した。

幼稚園児は腹腔内出血により絶命し、母親と女子高生はそれぞれ重傷を負った。「虐殺」と呼ぶほかない事件である。神戸で酒鬼薔薇聖斗事件が起きたあくる年早々のことだったから、世間は驚愕した。犯人の男は起訴事実を全面的に認めている。

当初の二千二百万円という賠償請求額は莫大な金額だったが、私が笑ってしまったのは、原告弁護団がその金をすべて被害者に慰謝料として支払うと発表したときである。しかも、ご丁寧に裁判所に、そのむねをしたためた「念書」まで提出した。そもそも被害者側の人びとが、殺傷事件の犯人である男が私の作品によって名誉棄損を受けたなどと認めるわけがなく、裁判でむしりとった金を受けとるはずもない。もし犯人である男がそのような浅知恵を弄するならば、それを思いとどめさせ、被害者への償いと自分自身の更生とはなんたるかを懇々と教えさとすのが弁護士たるものの本来の仕事であるはずだ。しかし、あろうことか弁護士のほうこそ、こうした行為に出たのである。

犯人は事件について事実関係をすべて認めている。であれば「反省」と「償い」というものが、今後の彼の人生において重要なテーマとなってくるはずだ。果たして弁護団は名誉棄損で彼に私たちを訴えさせておいて、ほんとうに彼を更生させようと考えているのだろうか。裁判で勝利にみちびき、賠償金を慰謝料に充てさせようとは、生涯を償いに捧げるのが罪を犯した者の唯一の「人権」であると考える私には、その人権を損なうとてつもない行為であると思えてならない。

惨殺された幼稚園児の家族は、事件の町にいるのがつらく、町を去っていった。母親は生死の境をさまよい一命をとりとめたが、しばらくのあいだ娘の死は知らされなかった。知らせる側の家族、知らされた母親の苦しみはどれほどのものだったろう。女子高生とその家族は、いまでもあの町に暮らしている。頭と背中に受けた傷は一生のこる。『新潮45』一九九九年十月号に寄せられた女子高生の母親の手記によれば、背中の神経はいまでも痺《しび》れたままで、手にも縫合痕が残っている。冬の寒い日には針で刺されたような痛みを訴えるという。そして、「娘は今でも事情を知らない人に、『堺で刺された子と違う?』と聞かれることがあるそうです。『今日人に会ったら、こういうこと言われたよ』と悲しそうに言うことがあります」としるしている。

†犯罪者の尊厳を最大限に認める行為とは

私はたとえ少年法によって守られた者であっても、犯罪の内容によってはジャーナリズムは実名で報道すべきときがあると思う。犯罪者の尊厳を最大限に認める行為とは、彼らを匿名性の闇に隠し、過保護に扱うことではない。これは法廷でもインタビューでも訴えてきたことだが、たとえ人を殺した十代の人間にもその尊厳を認め、自分のしたことの重大さと社会との繋がりをきっちり認定させたうえで、犯した罪の重さを悟らせるべきだと私は信じる。

ジャーナリズムが社会的制裁をおこなってもよいと言っているのではない。ただたんに実名を書けばよいと言っているのでもない。法律を安直に鵜呑《うの》みにし、周辺ばかりを取材して、日課のように常套句ばかりを用いて記事を書くのではなく、その犯罪者の生い立ちや家族関係、外の社会との関係など、凶行にいたるまでの犯人の背景をすべて事実として知りえたのならば、可能なかぎりの方法を駆使して人びとに伝える努力を払うべきだと考えているのだ。

イスラム社会では、盗みを犯した者は少年でさえ衆人環視のなかで鞭打たれる。いや、少年であればこそ、なおさら厳罰をあたえられる。それは罪を呪う行為ではあっても、少年を憎む行為ではなく、共同体のなかで健やかに育ってほしいという愛の鞭だ。鞭打たれる少年を見つめる子供らの眼には、盗みは人間としてもっともしてはならない卑劣な行為だと映り、痛みにのたうつ少年に救いの手を差し伸べてやれない大人たちは、それに耐える時間のなかで、近代法よりも優先する「掟」の守り手としての成熟を求められる。高度な経済社会に暮らす私たちは、これを野蛮と見るに違いない。では、野蛮と言えるほど私たちは理想社会を築いているか。

私たちは少年を罰するという成熟した大人としての責任を省みることなく、未成熟のまま年齢を重ねてきたような気がする。十九歳と半年の男を少年と見る人は、常識的にはいないはずである。私は法律という枠でくくられたその「少年」の名を実名で書いたけれども、たとえ犯罪者が成年であったとしても、実名で書くという行為は書いた側も応分の責任を問われるのだ。つまり「掟」を知る成熟した大人としての行動を問われるということである。私たちはそこから逃げてはいないか。

「成年犯罪の場合は法律で許されているから実名で書くのは当然だ」という安直な発想は、書く側の想像力を痩せ細らせるばかりでなく、事実関係の記述に重大な誤りを生じさせかねない。人間は犯罪をおこなうものだというやるせなさを、書く側はつねに思うべきである。加害者の人権には配慮し、被害者にたいしては幼稚園児や思春期の少女であっても実名を書いて平然としている、そんな思いやりのない自己保身の塊のようなジャーナリズムは、自律性や批評精神を欠いた未熟なオトナのお遊びでしかないと指弾されても仕方ない。

いまだから告白するけれども、訴えられたルポルタージュを執筆しているとき、私はこの作品が犯人側の刑事裁判の弁護に役立ってほしいと願っていた。彼の出生について「この世に生を受けながら、間引かれた子のようなありさまだった」と私は書いているが、母親に産み捨てられた不幸な出生から、祖父母に養子として迎えいれられ、やがて虚無の深まりに身をやつしシンナー中毒者となっていく彼の姿は、決まりきった転落のコースを馬鹿丁寧になぞってみせているようで、それは父親の違う弟や祖父母にたいして時折見せる白痴のような痛ましい優しさとあいまって、胸をえぐられるような思いがした。

いつになっても母親になろうとせず、女の春をひさぎ、男出入りをくり返す生みの親への名状しがたい感情が、彼をシンナー中毒者へと駆り立てていったのだと思うと、母胎喪失の歪みがけっして粗暴ではなかったはずの彼を狂わせ、凶行に向かわせたという気がするのだった。彼の祖父母や叔父、弟から話を聞き、寄る辺なき家族の物語を重い事実として受けとめた私は、その家を出たあと、彼の実名をふくめて、すべて事実として発表しようと決めた。「間引かれた子」としてこの世に生を受けた彼が、シンナー地獄の朦朧《もうろう》たる混濁世界のなかへ自己を溶解させ、五歳の幼女を刺し殺した痛みも恐怖も忘れ果ててしまうというのなら、私は彼の名を墓碑銘のように紙に刻み、実在の証としたかったのだ。

仮名での発表の道もある。少年法違反は心得ている。だが、彼の住む町の名前さえ書いてはならないというのが少年法の説くところであれば、仮名で書こうと問題の本質は変わらない。何にも増して彼はひとりの幼女を殺し、ふたりの女性に重傷を負わせた犯罪者だった。年齢を考えても到底少年とは言えない。通常の事件として書こうと思った。

†「少年」を利用した人権派弁護士の政治的策謀

判決が下りてみれば、原告弁護団が私たちにたいしておこなった行為の数々は忘れられていくようだ。彼らがおこなった信じがたいそれらの行為は、初公判まえから開始されている。「抗議文」と称する文書が送られてきたのは、一九九八年二月十八日のことだった。差出人は金井塚康弘、飯島歩、浜田雄久の三弁護士の連名である。私の作品にたいして彼らは「まさに営利主義に基づくセンセーショナリズムへの迎合」と断じ、「雑誌の販売中止と回収を求める」としたあと、私の取材方法をめぐって非難していた。

〈取材を受けた祖母は、「あの人、騙さはったんですね」と嘆いている。弁護人に取材に来たことのある讀売テレビ記者の名刺を悪用しその知人を装い、このように実名及び顔写真入りのルポルタージュ記事にするという意図を説明もせず秘匿して取材した高山氏の取材方法もまた違法性の高いものである〉

彼らはこの「抗議文」を司法記者クラブに配っている。だが、これは事実ではない。まず私には讀売テレビ記者に知人などいない。ひとりの知り合いもいないので名刺は持っていないし、そもそも記者の名を騙る必要などない。祖母への取材では「作家の高山です」と名乗り、同行した編集部員が渡した名刺に私は自分の名前を書いている。「意図の説明」については、秘匿したおぼえはない。だいいち私は家族を訪ねた段階では、まだ実名で書くかどうか考えていなかったのだから。それにこれは家族に了承してもらう筋の話ではないはずだ。「抗議文」が届いたその日のうちに編集長が、指摘されたような方法で取材した事実はまったくないこと、雑誌の販売中止と回収には応じられないこと、を回答した。

彼らは一週間後の二月二十五日、堺市の記者クラブで奇妙な記者会見をひらいた。そのとき新聞記者に配った「ご報告」という文書には、「下記の概要で新潮社等に対する提訴を準備中です。ご支援を頂ければ幸いです」とあり、四月に提訴する予定の内容として、こう書かれてある。

〈訴額　1500万円ないし2000万円（検討中。後記顕著な違法性参照）。

ただし、得られた損害賠償金は、被害者への賠償資金に充てるか、被害者の同意の下に、シンナー等の薬物依存からの離脱を支援しているNGOの活動資金やシンナーの薬害の啓発をする公私の団体の諸活動のために寄付する予定〉

これはもはや政治的意図を濃厚にふくんだ運動だと受けとめざるをえなかった。「提訴した」ということで記者会見をひらくならまだわかるが、「提訴を準備中」としておこなう記者会見など聞いたことがない。しかも「ご支援を頂ければ幸いです」とマスコミにあからさまに協力を求めている。おそらく彼らは、神戸の酒鬼薔薇聖斗事件以来、急速に高まってきた少年法改正論議に危機感をつのらせ、写真週刊誌『フォーカス』の少年Aの顔写真掲載、『文藝春秋』の検面調書掲載などのジャーナリズムの動きに、どうにかして歯止めをかけなければと考えていたのだろう。そして『新潮45』が発売されるにおよんで、犯人を原告として刑事、民事の両方で訴えたのである。

三人の弁護士はこの「ご報告」のなかでも、私の取材方法を問題にしている。だが、なぜか前回の指摘とはまったく異なった内容になっている。

〈家族に「小説家」と自己紹介し、「小説に書く」等と説明し、小学生が風邪で学校を休み一人で自宅にいるときに入り込んできて一時間程度の取材を敢行。弁護士を知っている等と虚偽を述べるなどして家族を安心させ……〉

これもまったく事実に反する。「小説家」などと自己紹介し、わざわざ「小説に書く」などと騙る必要がどこにあるだろう。「小学生が風邪で学校を休み一人で自宅にいるときに入り込んできて」という点について言えば、私が編集担当者とともにドアをノックしたとき、最初に応対に出てきたのはたしかに小学生の男の子だったが、彼はすぐに奥にいる祖母に

「おばあちゃん、高山さんていう人が来てるでえ」と声をかけ、私は顔を見せた祖母と話をしている。「作家の高山です」と自己紹介し、取材の趣旨を伝えると彼女は、「息子があと三、四十分したら来るので相談してみる」と答え、私たちはひとまず辞去した。あらためて訪ねたとき、応対に出てきてくれたのは、祖母が息子と呼んだ犯人の叔父にあたる人だった。事件の原因についてはわからないと語るその叔父に、私は生い立ちや事件にいたるまでの出来事について教えてほしいと言った。そうこうしているうち、こんなところではなんですから中へお入りくださいと言われ、招き入れられたのである。

仕出屋を家業としている家の奥の調理場へ通されると祖母がいて、叔父ともどもお話をうかがった。小学生の男の子からも聞いた。祖父が仕事から帰って来ると、祖父からもお話をうかがった。これが事実である。

「一時間程度の取材を敢行」と「ご報告」にはあるが、私が調理場にいたのは四時間前後である。途中から録音させていただいた。テープレコーダーはだれからも見える調理台の上に置いた。二時間分が収録されているテープは、いまも私の手元にある。こうした手順を踏んだ取材で、「弁護士を知っている」などと騙る必要はない。

人の話を聞く、そして書くという行為を、私は誇らしい仕事だとは思っていない。家業があればそれを継ぎ、額に汗して働くことのほうがどれだけ誇らしいことか。私にはそれができなかった。業が深いとしか言いようがない。故郷の老いたる父と母が自分らでつくった米や野菜を送ってくれる。味わいながら私は親不孝者だとつくづく思う。取材で人の話を聞いているときも、同様の思いにとらわれる。この家族の場合、身につまされる話ばかりだった。私は不覚にも落涙してしまった。しかし、この家族と運命をともにできるわけではなく、私はただ過ぎ去る旅人のようなものだ。声をしぼるように語っていただいた家族の物語を、大切に、正面から描ききろうと思った。

この弁護士たちは私の書いたルポルタージュを作品として読んでなどいない。ただ驚いて家族を問いただしたのだろう。なぜ自分たちに相談しなかったのか、どうしてあいつらを家に招き入れたのか、と。家族は仕方なく嘘をついてしまったのだろう。その嘘を私は憎まない。人を殺し重傷を負わせてしまった孫を救ってもらえるのはこの弁護士しかいない、彼らに頼る以外にないと思うのは当然の感情である。

弁護士たるもの、なぜ事実確認もせずに記者会見でこうした事実無根の情報をたれ流すのだろうか。私はただちに編集長と連名で謝罪を求める文書を送った。

〈(1)2月18日付の貴抗議文中、「弁護人に取材に来たことのある讀売テレビ記者の名刺を悪用しその知人を装い」とした根拠は何か。どのような確認作業を行ったのか。
(2)2月25日に配付した「ご報告」で、貴抗議文中の(1)の部分が削られているのはなぜか。
(3)2月25日に配付した「ご報告」で、「家族に『小説家』と自己紹介し、『小説に書く』等と説明し、小学生が風邪で学校を休み一人で自宅にいるときに入り込んできて一時間程度の取材を敢行。弁護士を知っている等と虚偽を述べるなどして家族を安心させ」とした根拠は何であるのか。どのような確認作業を行ったのか。
以上、三点についての回答と、高山文彦氏及び『新潮45』編集部に対し謝罪を要求するものである。弁護士としての誠意ある回答を求める〉
この問題については公判廷でも主張したが、とうの弁護団からはいまだに回答は来ていない。結局、彼らは頬かむりをしたまま二ヵ月後の四月三十日、「少年」を原告として訴えを起こした。訴状が正式に私たちの手元に届くには時間を要するはずだったが、編集部がそれよりもはやく訴状を手にできたのは、取材にやって来たテレビ局の記者がもってきた訴状をコピーさせてもらったからである。弁護団はマスコミ各社に訴状を配付し、取材に訪れた記者には直接手渡すか、ファクスで送るかしていた。

民事に名を連ねた弁護士の数は十人だったが、刑事に名を連ねた弁護士の数を見て私は仰天した。なんと六十八人。民事はさておいても、刑事事件としてなんとしても検察を動かそうという圧力の意志がまざまざと見える。そして、賠償金を被害者への慰謝料に充てるという発表を記者会見の席上でわざわざおこなったのである。

政治的意図を濃厚にふくんだ運動と考えるのは、こうした「人権派」大集結の様相もさることながら、その訴えがたしかに原告犯人の自発的な訴えであるとはとても思えないからだ。公判廷で金井塚弁護士が語ったところによると、私の作品を彼に見せたのは二月二十三日だったという。場所は少年鑑別所の面接室である。一九九八年七月号の雑誌『創』の取材にこたえて、金井塚弁護士はこう語っている。

「最初は少年鑑別所の一室で、この記事のコピーを示し、内容を説明しました。少年はやや茫然自失で『こんなのが許されるんですか』と言いました。(家裁での)最終審判までは他のことを考えさせては教育上よくないという配慮がありましたが、それが終わってからは、裁判ができることを説明し、本人は『できるだけのことをしてほしい』という意向でした」

さらに記事では、

〈少年は高山氏の記事を全部読み通したわけではないという。少年が、自分の生い立ちや生活を克明に記した実名記事をそのまま全部読んでいたら、何を感じ、どう行動しただろうかと考える〉

とあって、原告が私の作品を自分自身の力で読みこなしたわけではないことがわかる。金井塚弁護士は公判廷で言った。

「彼は非常に文章能力とか数字の能力が劣るんですけれどもね、漢字が読めない、だから読み通せない部分がある」

それゆえ「説明」を要したということである。金井塚弁護士は、原告は一応作品の全体像は把握していたと言いたげだったが、ならば私はさらに問う。なぜ「教育上よくない」と思いながら、わざわざ私の作品を彼に見せ説明したのか。家裁の審判が終われば裁判ができるとまで説明しているということは、金井塚弁護士のほうから原告を焚きつけたととられても仕方ない。

原告が私の作品をはじめて自分の力で読み通したのは、それから八ヵ月後の十月二十二日である。そのとき、彼は「成年」になっていた。本人の書いた文章が、証拠として裁判所に提出されている。

〈10月22日　木曜日新潮45に付き……

新潮45の僕についての記事を読んだ感想を書きます。

この記事は、鑑別所でも一度読ませて持《ママ》らいましたし、先日弁護士さんが、全部のコピーを差し入れて下さいました。分からない字は、勉強して読みました〉

とある。その後、「(記事によって) とても傷つきとてもいやな気持ちでいっぱいです。将来、まじめに働こうと思っていますが、その時に、知らない人とかからどんな事を言われるかが、不安です」と書いている。十月二十二日は公判のさなかだ。金井塚弁護士は全面的に否定しているが、「鑑別所でも一度読ませて持《ママ》らいました」というさり気ない一行を見ても、この文章には弁護士の手心が加えられていることが容易に察せられる。万が一、こうした文章を彼自身が書いてみせたのだとすれば、自分の被害感情ばかり書きつらね、犯罪被害者の気持ちを逆撫でしてあまりあるこの文章について、弁護士として再考を迫るべきではなかったか。更生に向かわせようとする姿勢が感じられないのである。いずれにせよ彼が「自分の力」で全文を読み通したのは、公判がはじまって半年も過ぎたころなのだった。

くり返すが、これはもやは「少年」を利用した政治的運動以外のなにものでもない。少年法を盾に、殺傷事件犯人の「少年」を被害者に仕立てあげたあげく、みずからの罪の重さを忘れさせようとでもいうのだろうか。彼の更生のために、被害者側の声を聞き、伝えることをしたか。いまは家を立ち退いてしまった祖父母や弟たちの深い悲しみを伝えたか。「少年」の「人権」を損なっているのは、彼ら自身ではないか。

訴状を読めば、はじめから彼らに原告を守ろうとする姿勢などないのは明らかなのである。この訴状を本人に読ませたのだろうか。読めば彼はきっと、自分が道具にされている事実を思い知らされ、悲しんだはずだ。

訴えた理由について弁護団は、訴状の冒頭に「少年法六一条と本件訴訟の意義」という項を設けているが、いちばん重要だと思われるこの項のなかに、原告である「少年」の姿はまったく登場しない。まず「少年の犯罪報道を規制して社会の中で成長・発達していく少年を保護し、将来の更生を見守ろうとしたのが少年法六一条なのである」としたうえで、最後にこう結んでいる。

〈しかるに、本件で問う被告ら（私と編集長・筆者注）の行為を初め、昨今の少年事件に対する一部マスメディアの報道内容には最早座して看過できないものがある。

従来、この種の報道による被害者は泣き寝入りせざるを得ないことが多かった。しかし、本件においては、原告自身の権利を回復することと同時に、他の同種の報道を抑制する見地からも被告らの行為の法的責任を明確にすべく提訴に及んだものである〉

この文のなかに、かろうじて「原告自身の権利を回復する」という文言が登場するが、いかにも取って付けたようなニュアンスなのである。弁護団にとっては、現行少年法を救済することが至上命題なのであって、肝心の原告本人の救済はどこへ行ってしまったのかと私には思える。弁護団が守るべき原告の「人権」とはいったいなんなのか、まったく見えてこない。

†加害者の少年に伝えたいこと

私は彼に伝えたい。それは自分自身の裁判が終わり刑に服したあと、生まれ育ったあの町に帰って行ってほしいということである。私に話をしてくれた八百屋のご主人や中華料理屋のご主人、銭湯のご主人や床屋のご主人たち、あの人たちは君のことを子供のころからよく知っている。小さな囁き声さえ聞こえてくるような垣根のない緊密な共同体が生きている町は、たしかに生きづらいに違いない。けれども君は、あの町の祖父母の家に帰り、いまでは商売さえ奪われてしまった祖父母の晩年を支えてやらなければならない。よその町に逃れ、ネオンにまぎれて生きようとせず、君が切りつけた女子高生の家の近所で生きる覚悟を決めるべきだ。

生まれ育った町で事件を起こした君は、その町で生き、その町で償いをする。君が原告となって私たちを訴えた裁判の行方についてはどうなるかわからないが、たとえ君が勝ち私たちから賠償金をせしめたとしても、それを被害者への慰謝料に充てるなどという弁護士のたわごとは断固として拒否してほしい。そして、君に勇気というものがあるなら、弁護団に告げてもらいたいものだ。「この裁判を下りる」と。君が殺し傷つけた人びとへのほんとうの償いは、そのときからはじまるはずだ。

人権主義者のセカンド・レイプ

呉智英（評論家）

†人権は単なる「取り決め」にすぎない

愚か者の最後の切り札が人権思想である。人権を持ち出せば何でも語りうると思っている。議論はすべて人権に帰着して結論が出ると思っている。そんな愚か者が知識人と自称して学界や言論界に生息している。

言うまでもないことだが、人権なるものが存在しうるとすれば、それは他のさまざまな権利がそうであるのと同じように、「取り決め」として存在しうるにすぎない。検察の公訴権も国務大臣の不訴追特権も商店主の代金請求権も、それは社会的な取り決めである。もっとわかりやすい例を出そう。麻雀のルールである。ポンとチーが競合した場合、ポンに優先権がある。そのように取り決められているからだし、取り決められているということ以外、この優先権には何の根拠もない。したがって、ポン優先権は廃止したってかまわない。これと人権は別段何のちがいもないのである。

ところが、人権《ヒューマンライツ》には人間《ヒューマン》という言葉がついている。そのため、これが何か人間性に源を発する権利だという誤解や曲解がまかりとおっている。麻雀の天和《テンホー》は天に源を発しているわけではなく、人和《レンホー》は人間性に準拠しているわけではない。天の字がつこうと人の字がつこうと、単なる取り決めにすぎない。人権に人がついたって、人和に人がついているのと同じなのである。

もっとも、天和や人和は、三才説に依拠はしている。天地人の三才（三つの働き）でものごとを説明できるという古代支那の思想である。しかし、三才説はある時代のある文明圏でのみ通用しえた一つのイデオロギーにすぎない。現在、三才説で宇宙工学や地質学や生理学が研究できると言う人はいまい。三才説の宇宙観や地球観や人間観は、とっくの昔に限界を見せているからだ。麻雀というゲームにこれが残っているのは、一種の伝統美のようなものなのである。

単なる取り決めである人権に人《ヒューマン》という大仰な字がついているのも、せいぜいが伝統美程度の飾りなのである。人権思想が依拠している人間観は、十七、八世紀の人間観である。さまざまな学問が進んだ現在、そんなものはとっくに限界を見せている。人間は平等ではないし、自由を求めるとは限らないし、独立した個人なるものが存在しているわけではないし、人間に理性が備わっているという保証はないし、確たる意志が本心から出たものかどうかわからないし、自分の行動に責任を負う能力を持っているかどうか疑わしい。こんなことは、心理学、精神医学、宗教学、社会学、民俗学、文化人類学……、その他あらゆる学問分野にこの百年間蓄積されてきた成果が教えるところだ。

だからといって、我々は人間に絶望する必要はない。人間はもっと複雑で、もっと不気味で、もっと不条理で、そうであるが故に、もっと面白く、もっと魅力的なのである。そうであれば、人間というものが何もわかっていない人権思想家が、最後の切り札のように人権をふりかざす非人間性と闘うことこそ、二十一世紀の知識人の重要な課題である。凶悪犯罪と死刑の問題もその一つである。

†なぜ復讐は認められなければならないか

すでに私は何回か書いている。死刑などという人間性に反する刑罰はすみやかに廃止さるべきである。そして、死刑に代わるものとして、殺人など凶悪犯罪の被害者遺族による復讐権の行使を認めるべきである、と。

私は奇矯な言辞を弄しているのではない。死刑について根源的な議論をしようと思うのなら、次のように問題設定しなければならないはずだ。人間が誰でも本来持っている復讐権を国家権力は何故奪ったのか、そのことに正当性はあるのか、と。

明治・大正期に活躍した法律学者穂《ほ》積《づみ》陳重《のぶしげ》に『復讐と法律』という著作がある。今では岩波文庫で手軽に読めるが、昭和の初めに「法律進化論叢書」の一冊として出版されたものだ。法律進化論とは、法制史をふり返ってみると、未開社会から文明社会へという進化に対応して法律も高度に進化した、という意味である。明治時代に、近代法というものを根づかせるべく力を尽くした穂積らしい啓蒙的な著作で、もともとは講演録であった。

論旨は簡明である。

「およそ生物にはその種族的存在を害する攻撃に対する反撃をなすの性質がある」。それは危害の除去であり、憤怒や恐怖という被害感情への慰藉であり、将来の危険への防衛である。これが復讐である。これはどんな動物にも見られることであり、当然人間にもある。しかし、人間社会においては、復讐公許、復讐制限、復讐禁止、と、大きく三期の進化を遂げた。むろん、復讐が恣意に流れやすく、また復讐が再復讐を誘発するなど、その弊害が見過ごしがたいことが明らかになったからである。文明の最終進化の段階では、個人の復讐は禁止され、厳正公平な国家機関によって、危害の除去や被害感情への慰藉や将来の危険防衛などは達成される。

というものである。

近代国家を人間の上位に置く限り、間然するところのない立論である。人間は生まれながらにして復讐権を持っている。それは生物として当然なのだし、どの民族も歴史の初めには皆そうであった。しかし、近代国家は、社会の混乱を避けるため、人間からその復讐権を奪い代理執行するのだ、というのである。

では、人間が国家に抵抗したらどうなるか。復讐権を国家が奪うことに抵抗したらどうなるか。もちろん、国家権力はそのような反抗者を許しはしない。たとえ人間が本来持つ権利であっても、復讐権を行使した者は、投獄、場合によっては死刑が待っているだろう。反面、国家権力に随順する凶悪な犯罪者は、復讐権の行使から保護されるであろう。かくて、単なる取り決めである人権によって犯罪者は保護され、本来持っている復讐権を行使しようとする被害者は投獄される——これが近代国家の国家意志である。

先鋭な論調で最近注目されている日垣隆は、少年時代、弟を殺害されるという悲痛な体験をしている。彼は『文藝春秋』本年八月号の「少年は『4人』殺してようやく死刑」で、こう書く。

同じ中学に通っていた仲のいい弟を何の意味なく殺され、直接手を下した者が十三歳だったため、少年院はおろか救護院（救護院に処遇するためには犯人である少年の親の同意が必要である）にすら入ることなく、翌日から中学に登校してきた。

それで日垣は何をしたか。何もしない。個人は強大な国家権力の前に無力である。

死刑制度廃止を叫ぶ人々は、死刑が犯罪の抑止力になっていないと当然のようにいうが、少なくとも私は死刑制度が日本になければ、彼と教師たちを殺していた。私を想いとどまらせたのは、事件のあったことすら忘れているような者たちを殺しても、釣り合わないと思ったからにすぎない。

死刑は確かに犯罪抑止力になっているのだ、釣り合わないほど重い場合には。こんなゴミのような奴らを殺して自分が死刑になってはバカらしいと、日垣は思いとどまったのである。

この犯罪抑止力について、もう少し話を進めてみよう。死刑の本質というよりもその一作用である犯罪抑止力についてさえ、まともな議論はなかったからである。

日垣のような、人間が本来持っている復讐権を行使することが、殺人者たちを背後で支える国家権力との戦いを引き起こす場合はともかく、一般の犯罪においては、死刑にじつはさほど犯罪抑止力は期待できない。なぜならば、死刑は犯罪と釣り合わないほど軽いからである。

かつてアフリカのケニアでは密猟が横行していた。野生動物を密猟し、毛皮や角や牙を採って売れば、現地人にとっては莫大な収入になる。発覚して逮捕されたところで、何年か刑務所に入っているだけだ。こういう状況では、野生動物の保護をいくら説いたって密猟はなくならない。しかし、近年、密猟は死刑となった。これによって密猟は激減した。象牙や毛皮と引き換えに殺されてはかなわないと誰もが考えるからである。

また、支那では、ポルノの制作販売は死刑になる。そのために、日本の千分の一もポルノは流通していない。このことはポルノ公開の是非とはまったく別に考えなければならない。人間は、きわめて稀な殉教精神を持つ確信犯以外、誰でも損得勘定はするものなのである。犯罪と釣り合わないほど死刑が重ければ、死刑には犯罪抑止力は期待できる。

現在、日本では死刑の方法は絞首刑である。憲法三十六条の残虐刑の禁止の規定によって、絞首刑以外の処刑方法はない。将来、モルヒネの致死量投与などによる「安楽死刑」も採用されるようになるかもしれないが、当分は絞首刑である。絞首刑は、自殺者の多くが縊死《いし》を選ぶことでもわかるように、苦痛の少ない処刑方法である。もっとも、どのような処刑方法であろうとも、死刑そのものが残虐であるという考えもある。しかし、それなら、懲役刑だって同じことだ。刑務所を高級ホテルのスイートルームのように改装しない限り、どんな懲役刑だって残虐であろう。まして、仮釈放のない絶対終身刑が残虐でないはずはない。刑罰はそもそも残虐なのである。そのことによって犯罪抑止力は保証されるのだ。

しかし、それは釣り合いが取れているか、釣り合いが取れないほど重い刑が課せられる場合である。五人を殺害して逃走中の殺人犯に対して、死刑は、六人目の犠牲者を防ぐ力を持たない。殺人犯は、どうせ死刑になる、五人殺そうが六人殺そうが同じだ、と考えるからである。五人殺した者に死刑で釣り合いが取れるのなら、六人殺した者にも死刑では釣り合いは取れない。

死刑は最高究極の刑だから、それでもしかたがない、と考えるのは現代人だけである。現代人は死を直視しなくなった。現代人にとっては死は漠然たる恐れであり抽象的な恐れである。しかし、近親者に囲まれて天寿を全うする死と、飢えと厳寒の中で死んだシベリア抑留者の死や放射能障害に苦しみながら焦土のバラックで死んだ被爆者の死が、同じ死の一語で語れるはずがない。人間の生が多様であるように死もまた多様である。

死刑も然り。近代以前なら、人権思想の一元的支配が始まる前なら、多様な死刑があった。

切腹、斬首、さらし首、のこぎり引き……、ちょっと思い浮かべただけでも、これぐらいのものは考えられる。五人殺して逃走中の殺人犯に、今投降すれば楽な絞首刑だが、もし六人目を殺したら車裂きの死刑だと警告すれば、死刑は、六人目からは犯罪抑止力を発揮するだろう。

最近話題になっている東京の繁華街の支那人マフィアは、鉄の規律を誇っている。仲間の裏切りは決して許さない。死の掟がある。もちろん、楽なものから苦しいものまで何段階もの死がある掟だ。その中ぐらいのものが、「背中の鉋《かんな》かけ」だという噂である。こんな処刑が裏切りへの抑止力にならないはずはない。そして、このような死の掟を持つ連中に対し、絞首刑しかない死刑が何の抑止力にもならないのは言うまでもない。

我々は初めから抑止力を減衰させた死刑方法を選択しておいて、死刑に抑止力があるかないかを議論しているのである。まして、死刑と復讐の関係など、それこそが死刑の本質であるにもかかわらず、論じられることはない。

現代の刑法学の権威であり、最高裁判所の判事も務めた団藤重光に、『死刑廃止論』という著作がある。死刑廃止論の基本書としてよく言及される本だ。その中で、団藤は自分を死刑廃止論に決定的に導いた事件のことを書いている。

団藤重光が最高裁判事であった時、ある毒殺事件を担当した。なにがしか疑わしい点はあったが、証拠は十分に揃っており、合議の結果、死刑判決となった。判決を言い渡して退廷する時、裁判官たちの背に向けて傍聴席から関係者とおぼしい者の声で、「人殺しっ」と野次が飛んだ。これが決定的な回心をもたらした、というのである。

しばしば引用される有名な話である。だが、私はこれを読んだ時、唖然とした。刑法学界で最も精緻な注釈書を著したと称賛される司法界の最高権威が、あまりにもコドモじみた回心を記しているからである。もし有罪と断じるのに疑わしい点が残るなら、徹底的に調べるべきだし、無罪判決を出したってよい。しかし、証拠は十分に揃い、合議までしている。その結果、死刑判決が出たのだ。それなのに団藤重光が動揺したのは、「人殺しっ」の一声のためである。

もとより、死刑は人殺しである。死刑判決を出すということは死刑という人殺しに加担することである。それをあからさまに指摘された時、団藤重光は動揺したというわけだ。

それならば、逆の場合はどうか。残忍な方法で家族を殺され、できるならば自分の手で復讐をしたいと切望する遺族が傍聴席にいる法廷で、心神喪失による無罪や少年法による微罪判決を出した場合は、どうか。私が遺族なら、裁判官に「人殺しっ」と叫ぶ。裁判官が人殺しに加担していることは明らかだからである。

殺人事件の判決を傍聴する遺族は誰も同じ気持ちのはずだ。しかし、声に出して「人殺しっ」と叫ぶ人はきわめて少ない。なぜならば、奪われた復讐権を主張するには、国家権力は強大だからである。そして、単なる取り決めにすぎない人権を人間性に準拠するものだと潜称する人たちが、正当な主張をしようとする人たちの口をつぐませようとしているからである。

†人権論者によって二重に貶められる被害者

この三月、山口県光市の母子殺害事件に関して、無期懲役刑の一審判決が出た。昨一九九九年四月、十八歳の少年が強姦目的のために二十三歳の女性をその子もろとも殺害した事件である。被害者には何の落ち度もなかった。犯人を挑発するような扇情的な服装をしていたとか、誘っていると誤解されるような態度をとったとかということすらなかった。たとえそうだとしても強姦殺人が許されるわけはないが、そんな軽微な落ち度さえなかった。もちろん、怨恨などの背景もなかった。犯人はただ強姦目的のために女性を殺害し、犯行の邪魔になるというだけの理由で幼児も殺害したのである。冤罪である可能性もゼロであった。犯人も犯行を認めているし、すべての証拠は彼が犯人であることを示していた。犯人の側に敢えて酌《く》むべき事情があるとすれば、犯人が未成年であることと、生育家庭があまり良好ではなかったことである。といっても、母親が自殺しているとか父親が暴力的だったとかいうことで、その程度の良好ならざる家庭はさほど珍しくない。もっと劣悪な環境で育ちながら、強姦殺人など犯していない少年のほうが圧倒的に多いのは、言うまでもない。

一審判決に対し、検察側はこれを不服として控訴した。判決はまだ確定してはいない。上級審で死刑判決が出る可能性はある。被害者の夫であり父である男性は、死刑を望んでいる。そして、マスコミが何度も報じたように、できれば死刑ではなく自分の手で犯人を殺してやることを望んでいる。

当然だろう。それが人間らしい感情である。私はこの被害者の遺族に全面的に共感するし、同じ立場に立ったら同じように思う。ちがう点があるとすれば、私なら犯人の死刑に絶対に反対するということだけだ。国家の手を借りるのは犯人の逃亡を防ぐことだけで十分である。私が殺す。妻と子の無念を晴らすには、それ以外にない。

私以外にも、この被害者の遺族に共感する人は多い。ところが、正気とは思えない批判をしている評論家がいる。

『文学界』今年六月号の時評欄で、若手評論家の千葉一幹は、次のように言う。

加害者である少年に死刑を望むと言う彼〔遺族〕の発言に対して多くの人間が賛意を示し、殺せと言うのを耳にすると、正直日本とはどういう国なのかと、首を傾けざるをえない。

何に首を傾げるかというと、なぜそうもやすやすと被害者の家族である本村氏に同一化して、加害者を殺せなどと短絡的に言えるのかということに対して、またそう言う人々の人権感覚に対してだ。

本村氏のことをどれぐらい知っており、また裁判の審理の過程についてどれぐらいの知識があるのか、また加害者については母の自殺と父親の暴力という程度の情報しかなく、この加害者の声はほとんど聞こえてこない状態において、どうしてそうも簡単に一人の命を奪うことに荷担できるのか、不思議だ。

結局日本では人権思想が定着していないということであり、それは公教育においてまともな人権教育が為されていないことの証拠だろう。

引用しているだけでうんざりしてくる。この愚かな評論家は、人権以外何も言えないのだろうか。人権以外の価値基準は何も持たないのだろうか。人権が本当に真理であるかどうか一瞬たりとも疑ったことはないのだろうか。

人権への信仰告白を除けば、千葉一幹の主張は、被害者の遺族への共感はほどほどに、加害者の情報が不十分の時、怒りは慎重に、と言っているにすぎない。もちろん、一般論としては、ほどほどや慎重は心掛けておいていいことだろう。だが、悲惨な事件の被害者の遺族に、ほどほどを超えた共感をすることがなぜいけないのか。身勝手で残虐な加害者に、慎重を超えた怒りを覚えたらなぜいけないのか。何の不思議もない人間らしい感情ではないか。ことさらにほどほどや慎重を訴える千葉の正気を疑う。

しかも、引用箇所の後で、千葉一幹は石原慎太郎東京都知事の「三国人発言」に関連し、「不法入国した外国人」へのほどほどを超えた共感を平然と示し、石原発言についてどれだけの情報を持っているのだろうか、石原への慎重とは思えない怒りを書きつらねているのである。千葉の言っていることで唯一賛成できるのは、公教育における人権教育の徹底である。そのとおりだ、公教育で断乎としてやればいいのである、「顕教密教二重構造」ではない真実の人権教育を。

千葉一幹は評論家とはいうものの、専攻は文芸評論である。死刑や人権について、とくに詳しく論じた著作があるわけではない。死刑についてしばしば発言している菊田幸一について見てみよう。菊田は明治大学法学部教授で、死刑廃止運動の中心人物、著作も多い。

だが、菊田幸一も人権以外の論拠は何一つ持っていない。『いま、なぜ死刑廃止か』で、菊田は言う。「死刑廃止は人権を守るための闘いである」と。

私だって似たようなことを言っている。死刑廃止は人間本来の復讐権を守るための闘いである、と。人権が人間性に何らの根拠も有さないことは、もうくり返さない。しかし、それ以上に、菊田幸一の主張やその領導する運動は、人間性を欠落させてさえいる。

私は、自分が山口県光市のような事件の遺族にならなくて、つくづくよかったと思うことがある。いや、誰でもそう思うはずだ。あんな悲劇には遭いたくはない、と。しかし、私は菊田幸一の主張や運動を見る時、被害者の二重の悲痛を察する。これは「セカンド・レイプ」と同じではないか、と。

菊田幸一は、死刑廃止後の被害者遺族の救援措置として、民間人を含むカウンセリングを提唱している。カウンセリングと言えば聞こえはいい。遺族に助言してくれるのだから。だが、本当に助言してくれるのか。惨殺された妻子の無念を片時も忘れたことはなく、殺人犯にこの手で復讐してやろうと誓う遺族が、拳銃を安く確実に入手できるルートはないかと助言をもとめたら、しかるべきルートをちゃんと紹介してくれるのだろうか。否。カウンセリングとはいうものの、答えは決まっている。あきらめと泣き寝入りのすすめである。なぜあきらめなければならないのか、泣き寝入りをしなければならないのか。それが国家意志であり人権尊重だからである。

最愛の家族を殺され悲しみと怒りに震えている時、かくも無神経な連中を相手にしなければならないのである。私なら、このセカンド・レイプに耐え切れる自信はない。

†復讐は不条理な人間の尊厳を保証する

私は、義務としての復讐を唱えているわけではない。制度として仇討ちを提唱しているわけではない。そういったものがどれほど人間性に反するものであったか、さまざまな記録がある。酒乱の喧嘩沙汰で切り殺された男の息子が、いやいや敵《かたき》を討つ話。つまらぬ主人の仇討ちで全国を訪ね歩き一生を棒に振った話。こんなものも珍しくない。

また、金銭貸借や恋愛のもつれにも復讐権の行使を主張しているわけではないし、目には目をの「同害報復」を説いているわけでもない。

穂積陳重の言うように、確かに文明の進化に並行して法制度は進化し整備されてきた。刑務所への収容と金銭的な賠償を適宜併用すれば、敢えて復讐権を行使しなくともすむことがほとんどだ。ここにおいて、法治国家は完成を見せつつある。もちろん、人権も単なる取り決めにすぎないのだから、法治国家の下位概念として、その中に包摂される。

　だが、法治国家は本当に完成するのか。人間という不条理な存在を国民として丸ごと律しうるのか。国民の像と人間の像がほとんど重なりかけて、しかしほんのわずか絶対に重ならない部分が出てくるはずだ。

　復讐は究極的には無目的な行為である。正確に言えば、復讐自体が目的である。復讐以外の方法、たとえば損害賠償で目的が達しうるのなら、復讐の必要はない。しかし、最愛の人を殺された人には、死んだ人が還ってくるわけがないのを承知の上で、復讐が必要である。功利的な法治国家と不条理な人間とがわずかに重ならない部分に、不条理な人間の尊厳を保証するものとして復讐はなければならない。

『論語』憲問《けんもん》篇に、こんな一章がある。

　ある人が問うた。「徳を以って怨《うら》みに報いば、如何《いかん》」。質問者は、徳を以って恨みに報いるような寛容寛大な態度は、仁《じん》（人間らしさ）に適《かな》うのではないか、と思ったのだろう。しかし、この問いに、孔子はこう答える。それならば「何を以ってか徳に報いん」。徳を以って怨みに報いたならば、徳に対して報いるものはないではないか。それは徳への冒瀆である。

「直《なお》きを以って怨みに報い、徳を以って徳に報ゆ」。徳に対してこそ徳で報いるべきである。怨みに対しては「直」で報いればいい。それが人間らしい（仁）ということなのである。「直」は、率直の直、正直の直である。そのままという意味だ。怨みには、そのままの気持ちで対すればいいのである。怒りも悲しみも憎しみもあって当然である。あるいは相手を憐れむ気持ちや許そうという気持ちが湧くかもしれないが、それも含めての直である。

以直報怨、以徳報徳。人権なんぞよりはるかに深く人間を洞察している。

Ⅲ　それでも人権を信じるか

人権を疑う

定方晟（東海大学教授）

†この不合理はなぜ

今年二月、東京都町田市でトラがひとを殺した。トラは檻にいて、もはやそれ以上ひとに危害を加える恐れはなかったが、薬殺された。（二月十七日、夕刊、社会面）

今年五月、佐賀の十七歳の少年が西鉄バスを乗っ取り、一人を殺し、数人を傷つけた。少年はなおも刃物を振りかざし、さらに殺傷を続ける姿勢を示したが、射殺されなかった。

少年が射殺されなかったのは、人権という言葉が警察当局の頭にあったからにちがいない。危害を加える恐れがないトラが殺され、危害を加える恐れがある少年が殺されない。この不合理を生みだす人権という言葉について考えてみたい。

†ヒトと人間

まず、「人権」の「人」について考えてみたい。そのために三つの言葉、「ヒト」「人間」「ひと」を使い分けることにする。

「ヒト」は生物学的な概念であり、脊椎動物門の哺乳綱に属する一つの種を意味する。「人間」は教育を受け、社会の一員として生活する能力を身につけた「ヒト」を意味する。「ヒト」と「人間」は対照的な概念として用いることにする。「ひと」は「ヒト」と「人間」を区別する必要のないときに用いることにする。

私が冒頭で言及した不合理が生じるのは、ひとが「ヒト」と「人間」を同一視するところにある。ひとは人間の男と女から子どもが生まれると、それを人間と思ってしまう。それは間違っている。その子どもはヒトにすぎない。ヒトは教育を受けることによって人間に変化する。フランスの実存主義者ボーヴォワール女史はその著『第二の性』の冒頭で、ひとは女に生まれない。女になるのだ。

と言ったが、私は、

ひとは人間に生まれない。人間になるのだ。

と言いたい。

ひとが自然状態のままにいて、教育を受けなかった場合には、単なるケモノに留ることは野生児（**feral man**）の存在によって知られる。野生児は数十例が知られているが、有名なのはフランスのアヴェロンの少年ヴィクトルとインドのミドナプルのオオカミ少女カマラとアマラであろう。

ヴィクトルは一七九九年七月に森を裸で走っているところを捕捉された。かれはそのとき十一歳か十二歳くらいだったと言われる。かれは四つ足で走りまわり、ほえ声を出していた。差し出されたものは何でも臭いをかぎ、食べ物を忙しく咀嚼し、ちょうどリスか兎のようで

あった。（イタール著、古武弥正訳『アヴェロンの野生児』牧書店）

オオカミ少女は一九二〇年十月十七日にオオカミの巣でオオカミの子どもとともにいるところを発見された。アマラは二歳くらいであったが、翌年九月二十一日に赤痢で死亡、カマラは八歳くらいであったが、九年後に死亡した。カマラは四つ足で走り、うなり声を出し、衣服を着せられても引きちぎり、脱ぎ捨て、食器で飲食物を出されると、食器を手にせず、食器に口を近づけ、飲み食いした。（シング著、中野・清水訳『狼に育てられた子：カマラとアマラの養育日記』福村書店）

野生児に関する報告の信憑性を疑う学者もいる。かれらによると、野生児なるものは最近になって捨て子にされた精薄児にすぎない。（中野善達編訳『遺伝と環境』福村出版、一八三ページ以下）本論では報告を信頼することにするが、それによると、野生児たちはほとんど言語を修得することができなかった。

山林で発見された子どもとは別に、家にいながら冷酷な親に部屋に監禁され、教育を施されなかったために、言葉が話せなかった例がある。（カーチス著、久保田・藤永訳『ことばを知らなかったジーニー』築地書館）

これらの例からわかるように、ひとは決して人間に生まれるのではない。親や学校や社会により教育を施されて初めて人間になるのである。その結果、社会のルールを修得し、社会の一員であることを自覚し、人間となるのである。

佐賀の少年は服を着て、二足で歩き、言葉を喋っていた。野生児とちがい、人間そのものに見える。野生児ですら、すなわちヒトですら、われわれは射殺することをためらう。人間の姿をした少年を射殺することをわれわれがためらうのは当然である。

だが、服を着て、二足で歩き、言葉を喋るだけではまだ人間というには足りない。人間とは、想像力を持ち、他人の心を推量する能力を身につけ、そのことによってたがいの欲望を調和させる必要を理解し、そのための社会のルールを知り、それを守る力を身につけたもののことである。自分の都合でひとを殺したということは、かれがいまだケモノのレベルにあることを示す。われわれは人間をはっきり定義し、佐賀の少年は人間ではないということをしっかり自分に言い聞かせよう。服を着て、二足で歩き、言葉を喋れば人間だと思う偏見から脱却しよう。

かつてテレビで牛肉会社のコマーシャルに、若い女が牛の肩を撫でながら「おいしそうね」

と言っている光景があった。別の番組では、学者がサルの脳味噌を切りとったり、ネズミに黴菌を注射したりしていた。ケモノの姿をしているものには平気でこんなことをするひとが、ひとの姿をしているものには、それが凶悪犯であっても、殺すことをためらう。あまりにもひとを買いかぶった態度であるが、それならせめてヒトと人間を峻別するくらいの配慮をすべきであろう。

殺人を犯したひとが、精神鑑定の結果、責任能力なしとして罪を問われないことがある。たしかに、人間として認められないものに責任を問うことはできないだろう。それならば、これは危険なケモノとして、監禁するか、射殺しなければならない。殺人者をヒトとみなすか、人間とみなすか、二者択一でなければならない。罪を勘案するときにはヒトとみなし(つまり責任能力なしとし)、罰を勘案するときは人間とみなす(つまり処分を保留する)のでは首尾一貫しない。人間でなければどういう扱いを受けるか、子どもにしっかり教えてやることが必要である。

この原稿を書いているとき、「テレビ朝日」Jチャン(二〇〇〇年五月十八日)で、栃木の事件が報じられた。十九歳の少年たちが同じ十九歳の少年を二ヵ月監禁し、殴る蹴るの暴行を加え、熱湯を浴びせ、かれを銀行の現金自動支払機の前に連れていき、親の貯金から金を引き出させ、犯行がばれそうになったとき、かれをネクタイで絞殺し、コンクリートづめにして山林に埋めたという。かれらは犯行後、ホテルに行き、これで時効十五年は切りぬけられると言って乾杯したそうである。

主犯格の少年は逮捕され、裁判を受けているが、殺された両親によると、つぎのようにいったという。「刑務所に入って罪をつぐなったら彼女とやりなおして、須藤君（殺された少年の名）の分まで長生きします」。この少年は人間になりそこねたために、人間世界のことがまったくわかっていないのである。

だが、ひとの場合、ヒトから人間に変わる（いわゆる更生する）可能性が常にある。だから、ヒトだからといって、殺してしまえというのは早計かもしれない。また、ひとの姿をしたものは凶悪犯といえども殺せないというのは、人間が持つべき大切な情であるかも知れない。また、どんな犯罪者でも、その人生を知るとき、かれに対するわれわれの憤りは多かれ少なかれ和らぐものである。

しかし、可能性は一つではない。更生しない可能性もあり、殺人をくり返す可能性もある。

更生する可能性があるから死刑にすべきでないと主張するひとは、殺人をくり返す可能性があるからどうすべきだと言うのであろうか。かれはむしろ死刑になることによって、ひとびとに、ひとは如何に生きるべきかを身をもって教える尊い犠牲者になるのである。おそらくこれがかれの人生を生かす唯一の道である。

佐賀の事件では少年を射殺するのが最善の方法だった。乗客は恐怖の中でひたすら生きることを願っている。少年は憎悪のかたまりとなった自分をもてあましている。少年を射殺することは乗客を救うことであり、少年の苦しみを終わらせることであった。少年の両親も同じように思ったかもしれない。少年にとっては、射殺されることは、更生の機会を失うことであり、不幸なことかもしれない。しかし、射殺されれば、かれは不幸を嘆くこともないのである。

ヒトと人間の違いに関する私の議論は哲学的すぎて、警察や裁判所の実務的判断には役にたたないかも知れない。佐賀の少年は射殺すべきであると主張するためならば、乗客の生命を守るという大義名分を立てればすむことである。しかし、そのような決断をするとき、最後のためらいを断ち切るのに私の考えは役にたつかも知れない。

†権利は仮りの約束

ひとはよく「天賦の権利」とか「侵すことのできない永久の権利」などと言う。しかし、仏教を研究している私には、「権利」は「仮りの利益」を意味するとしか感じられない。というのは、仏教には、権教《ごん》（仮りの教え）、権現《ごん》（仮りの現れ）を初め、権を「仮り」の意で使う術語がたくさんあるからである。仏教の外の世界には権大納言《ごん》がある。

英語のrightを権利と訳したひとにこの意識はなかったであろう。権利をゴンリ（呉音）と読まず、ケンリ（漢音）と読むことがそれを示す。しかし、私に言わせれば、訳者はたくまずして、この概念の本質を言い表したことになる。というのは、権利はやはり仮りの約束ごとにすぎないからである。

権利という概念は十八世紀のアメリカ独立戦争やフランス革命のときに確立したらしい。それまで既成の権力（君主、領主）がおこなってきた民衆の自由や財産に対する侵害を阻止し、民衆の利益を守るという崇高な目的のために、ひとは生まれながらにして自由や財産保有を保証されているという考えが打ち立てられたのである。「権利」は英語ではright,フランス語ではdroitというが、ともに「正しい」を意味する言葉である。

この新しい概念は、「天賦の」とか、「永久の」とかいう修飾語をつけられているが、実際には歴史のある時点でひとが思いついたアイデアにすぎない。天賦のものが十八世紀になってはじめて現れるなどということはありえない。しかし、たとえ約束ごとであっても、これが多くのひとに幸福をもたらしたことは認めねばならない。

この点でも、権利は仏教の考えと一致する。仏教では、「権」は「権方便」や「善権方便」という熟語の中に使われているが、「善権方便」が示すように、仮りの方便であっても、それは善なるものである。とくに法華経では方便は仮りのものでありながら、真実の世界に導く巧みな手段、深い知恵の表れとして重視されている。

ところが、フランスの人権宣言から二百余年、権利の概念は庶民の我欲によって変質させられ、利益追求の道具となり、社会の中で癌のように広がり、社会そのものの存在をおびやかすまでになった。権利はかつては私益を公益に対して保護するものであったが、いまや私益が公益をおびやかす逆転現象が生じてきた。

権利の濫用という概念が裁判の判定に登場したのはわが国では昭和十年のことらしい。宇奈月温泉で、ある旅館主がある土地に、その地主の許可を得て給湯パイプを敷設した。ある業者がこの地主から給湯パイプの通り路の一部を買取り、旅館主にその土地を高く買い取るよう要求した。法律上、業者にはそれを要求する権利があるそうである。しかし、裁判所はこれを権利の濫用とし、業者の主張を退けた。（平凡社『世界大百科事典』〈けんりのらんよう〉）

権利の請求はどこまでが正当で、どこからが濫用か、判断するのはむずかしい。しかし、右の例は小さな土地を買い占めて空港建設に反対する一坪地主の話を想起させる。このトラブルの原因は、公権力が地主の理解を得ずに空港の建設に着手したことにあるかも知れないが、反対者は長期間の反対によって公権力を十分に罰したのであるし、旅行者にも不便をかけてきたのだから、そろそろ許してやってもいいと思うのだが、そうしないでいるのは、権利という言葉に呪縛されているからであろうか。

いまの世の中は権利意識があふれすぎている。自動車同士の衝突では、何も考えずに、まず相手をなじれという。そうしないと、逆になじられ、自分のほうが事故の責任者にされてしまうという。また、雑踏でからだをぶつけてもすみませんと言わない若者が多くなったと聞く。すみませんというと、何か訴訟をおこされると思っているからか。

アメリカは訴訟大国だと言われるが、日本もそうなりつつあるようである。権利がある以上、それを利用しないのは損だという風潮がはびこっている。アメリカに学ぶべきことはいくらでもあるが、銃社会や訴訟社会は学ぶ必要がないだろう。

なじりあっても、結局、責任を分けあうことになるだろう。むかしなら、すぐ口をついて出る言葉は「すみません」であり、そのうえで責任を分けあうことが多かった。奪いあっても、譲りあっても、同じ結果を得るのなら、譲りあうほうがずっと後味がよい。

世の中は変化する。権利はかつては人間の賢い発明であったが、それがいまではかなり形骸化して、しばしば弊害を生んでいる。罪を犯して被告人となったひとが、かれ自身の基本的人権が犯されたことを訴えて騒ぐと、少なからぬ日本人が、かれが罪を犯したことを忘れて、かれを英雄視し、かれの支援に走る。人権という言葉が絶対的な、魔術的な力を持ってしまったのである。

私は仏教研究者として人権を論じるように言われているので、ここで仏教の筏《いかだ》の比喩に触れさせていただく。筏は川を渡る道具である。川を渡れば筏は捨ててよい。目的を果たしてなお筏を後生大事にかつぎ廻るのは愚かである。筏は教義を象徴し、川を渡るとは迷いの此岸から悟りの彼岸へ渡ることを象徴する。しかし、ここでは筏を言葉を象徴するものと考えておこう。

言葉はある目的のために使用される。その目的を果たしたとき、言葉は無用になる。そのことを知らず、言葉があるからという、それだけの理由で、その言葉をかつぎ廻るのは愚かである。いま人権を絶対視するひとは、時代が変化している事実に晦《くら》く、人権を持ち出す必要がなくなった場所にそれを持ち出す場合が少なくない。

†個人と人間

権利意識の背景に個人主義がある。権利は公に対して個人の利益を守るためのものとして出発したからである。このことが公よりも個人を重視させる結果になった。

「個人」は英語の individual を訳したものであろう。これは「もはやこれ以上分割できない存在」を意味する。この言葉は現代科学の「原子」(atom) を思わせる。atom は物質を分割しつづけ、もはやこれ以上分割することができないという究極の存在を意味するからである。西洋的思考ではこのような単位的存在が実在であって、社会(ないし宇宙)はそれらが集合することによって作られる仮りの存在である。

日本語の「人間」はこれに真っ向から対立する概念である。これは、ひとは人と人との関係のなかで存在するということを意味する概念である。

「人間」の原義は「人の世界」である。それが江戸時代から「人」を意味するようになった。『日葡辞書』（一六〇三）にはNinguen: Genero humano（人類）とあるから、この言葉はその頃、「人の世界」から「人」へ意味を移しつつあったのかも知れない。

「人間」を「人」の意味で使うようになった背景には、日本人にそうさせるような考えがあったからであろう。「人」という字について日本人はよく言う。「人」は二人のひとが支えあう姿を表している、と。これは字の起源としては俗説にすぎないが、ひとをこのようなものと捉える考えが日本人の心に深く根づいていることをよく示している。

この考えは仏教の縁起の思想、「これあるがゆえに、かれあり、これなきがゆえに、かれなし」という思想に通じる。いかなる存在も他との関わりの中で存在するというのである。

印陀羅網の比喩はこの思想を視覚的に、わかりやすく教えている。インドラ神の宮殿を大きなレースが二重三重に飾っている。レースには結び目ごとにガラス玉がつけられ、どのガラス玉も他のすべてのガラス玉を映している。あるガラス玉に映る他のすべてのガラス玉を見ると、それらのガラス玉のひとつひとつに他のすべてのガラス玉が映っている。

　この状態を相即相入と言い、重々無尽と言う。このたとえはわれわれの世界はそのようにもろもろのものがたがいに密接にからみあって存在していることを教えている。

　私はここにある。しかし、私とは何か。父の遺伝子と母の遺伝子ではないか。私が自分と思っているものは、それらの遺伝子が日本の植物や南極の魚などから集めた炭水化物や蛋白質のかたまりではないか。

　私の心とは何か。その内容に自分独自のものはなく、すべて父や母や社会に由来するものではないか。そして、そのようにして、もろもろの原因から成り立っている自分と、同じようにして成り立っているもろもろの他人と、たがいに融通しあっている。私があなたの言葉として聞いている言葉は、じつは私の言葉であり、あなたが私の言葉として聞いている言葉（たとえば、この論文）も、じつはあなたの言葉である。私の瞳にあなたが映り、映ったあなたの瞳に私が映っている。これほど深く関わりあいつつ存在する人間がたがいに独立しているなどとどうして言えるだろう。

このように考えると、全体こそ具体的な実在であって、そこから切り離された個は思考の中にしか存在しない、抽象的な存在であるということになる。仏教はこのような教えで人々の常識に衝撃を与える。

しかし、仏教はひとがこの新しい考えになずみ、これを絶対視するとき、ただちに警告を発する。仏教が教えるのは、個を実在視してそれに執着するのも誤り、全を実在視してそれに執着するのも誤りだからである。私がいま個の執着にのみ批判の矛先を向けるのは、いまこの執着こそが「ほとんどびょーき」のさまを呈しているからである。

人間にはもともと利己心がある。権利という言葉はこの利己心を暴走させた。かつては周囲との妥協なしには生きていけないと考えるのが常識であったのに、いまでは権利を信じていさえすれば周囲と摩擦を起こしても生きていけるという自信がはびこってしまった。あらゆる動物の中で人間だけが孤独では生きていけない存在なのに、独りでも生きていけるかのような錯覚が広がってしまった。

フロイトの精神分析によれば、人格は三つの心、すなわちイド、自我、超自我からなる。イドは原始的な快感原理（本能的欲望）に従う無意識の心である。自我はイドが快感を求めて現実世界と衝突するところに浮かびあがる意識的な心である。超自我は外からの教育的影響によって生じ、自我を批判する無意識の心（いわゆる良心）である。

人間とはこの三つの心をそなえた存在を言うのであり、人権はこのような存在にこそ与えられるべきであるのに、今日の人権論者は人間を知ること浅く、イドを目して人間とみなし、これに人権を与えて、世の中を荒廃させたのである。

個人主義はそれなりの利点を持っている。他者に左右されない強い意志を持つことは、幸せな人間になることである。しかし、同時に、「人間の思想」を知ることがその幸せを倍加させるだろう。なぜなら、自分のために生きるということは、最高の善のように見えていて、じつはつまらないことだからである。

裁判所は人権の砦ではない

山口宏（弁護士）

†日本は天皇中心の神の国である

「日本は天皇中心の神の国である」とは、けだし名言である。

源頼朝や徳川家康は征夷大将軍であったし、織田信長は右大臣、豊臣秀吉は関白であった。いずれも天皇官僚制の一員に自ら望んで就任したのである。現在の日本国憲法下においても、法律を公布することが天皇の行為であったり、大臣や高級官僚の任命が天皇によって認証されることになっていることを見れば、我々の国家が、依然として、律令体制の幻影を引きずっていることが明らかである。

日本に生息する神は、物理的実態としては、大木や山、岩、そして人間である。キリストでさえこの意味の神になりうることは、芥川龍之介以来、すでに再三強調されてきたことであり、日本においてキリスト教徒を自称する集団のキリストに対する信仰なるものが、「伴天連大明神」に対するものとでも言う他なく、ヨーロッパを支配する神信仰とは別物であることは、日本の「キリスト教徒」自身によって承認済のことであると言ってよい。

天皇という祭祀担当者を冠にした箱庭のような小宇宙に、神々が満ちている……これこそ、日本の風景であり、そのなかで、我々の祖先はじつに幸福に暮らしてきた。天皇出現以前の話であるが、縄文時代の遺跡のひとつには、小児麻痺に罹患した人間を幼児から亡くなる最後まで面倒を見た跡があるのだそうである。縄文時代に「人権」はないが、不幸な境遇にある人を懸命に支えるシステムは存在していた。そして、幕末の日本の庶民が世界で一番幸福そうな表情を湛えていたことは、そのころ日本を訪れた多くの西欧人を驚かせていた。幕末に「人権」はないが、そのころのわが国には、少なくとも現在よりも幸福な人間が多数いたようなのである。

別に天皇や神々が偉いとは言わないが、天皇や神々を擁したわが国の固有の文化が、人々を幸福に暮らさせることに失敗していたわけでは決してない。

†人権の生成過程

繰り返せば、日本の世間には、もちろん「人権」などというものはなかったし、本当のことを言うと、現在においても、なお、誰にとっても腑に落ちる形では存在しないと言ってよいだろう。

「人権」の生成過程は、次のようである。

登校拒否の児童がいるとする。これは昔ならばげんこつをくれてやることで解決すべきわがままな餓鬼にすぎなかった。しかし、やがて、登校拒否にも理由がある、これは病気として処理する必要があるか、ないしは、少なくともその原因を「科学的」に解明すべきものとされるようになった。さらに、時間が経過すると、これが「権利」に昇格したのである。

あるいは、子育てをしない母親がいるとする。これは、昔ならば、実家の親を呼びつけて一喝することで解消した問題だった。やがてマタニティブルーなどという言葉がマスコミを賑わし、「子育ては大変な作業だったんだ」ということになった。今や、安室奈美恵の旦那が厚生省のポスターに登場して曰く、「子育てをしない父親は父親じゃない」のだそうである。つまり、育児は旦那にその分担を要求しうる何ものかになり、旦那にも育児をさせたいという気分は、堂々と主張されるべき「人権」に昇格したのである。

わがままとして糾弾→病気として保護→人権というのが、例外のない人権生成のメカニズムである。労働三権なるものは、もはや、生成の過程を誰も反芻しないが、じつは、正真正銘、このメカニズムで出来上がったものに違いないし、刑事被告人の権利も、同じであろう。再び言うと、こうした「人権」を日本の世間が認めているようには私には思えない。みんな、なんとも名状し難い嫌な気分で、これから起こるであろうことに怯《おび》えているのではないか。

もちろん、金と命を理不尽に奪われない、むやみやたらにお上に拘束されないということについては、日本の世間は、敏感であった。しかし、この点についてのお上の扱いが「人権」概念の登場によって変化した事実はない。お上が、理由もなしに、庶民の金や命を奪ったり、碌《ろく》でもない咎めで拘束したりすれば、もちろん現代日本の世間は、大騒ぎするであろうが、その背景にあるのは、やはり、天皇と神々がいる小宇宙に固有の論理であって、「人権」ではない。金と命と拘束されないことを場合によっては侵すことができる機関は、現在においては警察や検察、そして裁判所である。しかしそうした役所を構成する役人たちの頭のなかにあるのも、世間への迎合であって、「人権」への配慮などではない。

もっとも、最近の一部の裁判所は、へんな「人権」についてはとくに寛容であり、とりあげるのに積極的であるように思える。セクハラなるものが損害賠償の対象になることになって久しいが、事案をつぶさに見てみると、訴えられたおじさんのしたことは、何もセクハラという流行り言葉を用いなくとも、日本の世間が「いくらなんでも度が過ぎている」と感じるであろう行為の連続であって、やはり、「セクハラから守られる権利」なるものを標榜する必要などないケースである。ところが、こうした裁判では、セクハラという言葉を用いて判決が書かれるものだから、やがて「セクハラ」は一人歩きする。すでにおじさんたちが職場の女子社員の傍で猥談《わいだん》をしたりするとセクハラになるのだという。これは、女子社員のわがままなのではないか。しかし、やがて、傍らで猥談されたら気持ち悪いという若い娘たちの気分が「権利」に昇格する日が、遠からずやってくるであろう。

人をあやめた少年が、この犯罪事実を実名報道した出版社を相手に、匿名報道をしなかった、少年法に違反する、損害賠償として二千万円寄こせという訴訟を提起した。まさか迷わずに却下すると思ったら、一審の裁判所が、出版社に対して二百五十万円の損害賠償を認めてしまったから驚愕した。幸い、高裁は、これを覆したからよかったが、司法試験の受験勉強のせいで、日本の世間の感覚がわからなくなっている裁判官は、とくに若い世代に少なくないのである。

このように、一部の跳ねっ返りが存在することは事実であるが、警察や検察や裁判所の全体が、「人権」なるカルト教に浸食されて、にっちもさっちもいかなくなっているという事態を、われわれが迎えているわけではない。

たとえば、「刑事被告人の人権」を信仰する者の基本的論調は、次のようなものである。

犯罪を犯したと思われる者に国家が制裁を加えようという考えはとるべきではない、犯罪を犯したと裁判所に認定される者には、彼を犯罪に走らせたさまざまな事情があるのであるから、遺伝的資質、経済的問題等を含めた、その犯罪者をとりまく、犯罪に陥らせやすい諸要因を取り除いて、彼を社会に再び善良な人間として復帰させる責務が国家にあると考えるべきである。国家は彼の犯罪から社会を防衛するという社会の利益を実現すべく行為するが、それは、社会の利己的欲望であるから、犯罪者の利己的欲望と対等である。つまり、犯罪者と国家とは、刑事手続において対等である。警察の取り調べとは、犯罪者からお話を伺う機会であり、犯罪者に供述をしていただくについて、そこにいささかなりとも強制の要素があってはならない。こうした考え方に基づくものが、刑事被告人の人権である……

驚くべきことだが、こうした論調こそ、大学という集団に存在する刑事訴訟法学説の主流になっているものなのである。現実の裁判所が、こうした「人権」とは、関係なく刑事訴訟手続を運用している状況を、次に見てみたい。

†例外が原則の刑事手続①――伝聞証拠も証拠になる

まず、通常の順序と逆に説明することとする。刑事手続は、逮捕・勾留・起訴・裁判・判決・収監又は釈放という手続を経るが、話をまず、裁判と判決から始めよう。

裁判官としてみれば、裁判はできるだけ簡単にしたい。それは、審理も判決も簡単に済ませたいということである。通常の事件は、いわゆる同意事件である。これは、警察や検察で作った、被告人や被害者の供述を内容とする書面（調書と呼ばれる）のすべてを、裁判で証拠として使うことについて、弁護人が同意している事件という意味である。「刑事裁判の原則」では、伝聞証拠は排除されなければならず、人が供述する内容は、すべて裁判官が直接法廷で、その人本人から聞かないと証拠にできないことになっている。警察や検察で作った調書は、書面であること、しかも直接本人が書いたものではなく、その人の話を警察で検察で書き取ったものという体裁であるため、二重の意味で伝聞証拠である。

しかし、弁護人が伝聞証拠を証拠として採用することに同意すれば、構わないのである。現実には、「同意」しないと、裁判官はえっという顔をする。調書であれば十分もあれば読めるところを、証人尋問をすることにして直接話を聞くとなると、日程の調整、尋問の実施等で、時間がかかってしまうからである。「同意」をすると、調書には、被告人に不利なことしか書いてないから、つまりは、検察のストーリーをそのまま認めてしまうということになる。尋問を実施して、被告人に有利な供述を引き出すための反対尋問を放棄してしまうことになる。それでも、「同意」はほとんどの事件でなされているのである。裁判では、情状が問題になるだけである。弁護人は何をやっているかというと、被告人に妻がいれば、妻を証人に呼んで、「この人がいないと私や子どもが食べていけません」と泣かせるだけと言って過言でない。

こうしておけば、楽に判決を書くことが可能である。昔、ワープロが普及していなかったころの通常事件の判決は、起訴状をコピーして「公訴事実」欄（ここに犯罪に該当する被告人の具体的な行為が書かれている）を鋏で切りとり、それをそのまま白紙に糊で貼って、判決の「罪となるべき事実」とすることであった。文字通りのコピー・アンド・ペイストである。あとは、「法令の適用」であるが、刑法や刑事訴訟法の条文番号が幾つか並んでいる定型用紙があって、たとえば、被告人が、今回の犯罪の直前に刑務所に行ったことがあるとすると、「累犯」というところのチェック欄をチェックすればよい。そこに刑法五六条と不動文字で書いてあったりする。

次に「量刑の理由」を書く。これは、たとえばなぜ懲役三年で執行猶予五年という結論にしたかについての理由であるが、それも、大体フォームが決まっていて「本件は、〇〇という事案であって、周到に計画されたものであること、その他〇〇等、その犯情はまことに芳しくない。しかしながら、被告人が当法廷において反省している旨を述べたこと、その他〇〇等、被告人に有利な事情もあり、以上を斟酌すると、主文掲記の量刑が相当であると思料した」というものである。個別事案に応じて〇〇を埋めていけば良いのである。

「主文」というのは、裁判の結論であって、懲役○年に処するという結論自体であるが、世間でよく言われているように、実際の判決では、執行猶予を付ける場合には検察の求刑どおり、実刑（実際に刑務所に収容する処置）の場合には、求刑の七掛けから八掛けである。だから、裁判官が迷うのは、執行猶予をつけるかどうかが微妙な事案だけである。

検察のストーリーを全部認め、調書に全部同意してくれれば、判決はこんなに楽なのである。だから、被告人の否認は嫌がられる。とくに、捜査段階で自白調書があるのに、法廷で否認に転じられると、裁判官は徹底的に嫌なのである。慣れない被告人は、裁判所は公平なところと教育されているので、びっくりするであろうが、捜査段階で犯罪を認めている調書があるのに、法廷で否認などしようものなら、裁判官に徹底的に怒鳴られるのがおちである。

日本は三審制だ、一審では悪い裁判官にひっかかった、高裁では三人で合議してくれるそうだから、控訴してみようと、刑事裁判手続に経験のない被告人は誰でも思うようである。しかし、無駄である。まず結論は変わらないから、時間がかかるだけ無駄なのである。一審判決が実刑ならば、早く刑務所に行って刑期を務めたほうがよい。控訴審では、簡単な審理にすぎないのに、記録の整理だとか称して、裁判所が、なかなか公判期日を早期には入れてくれないのである。

こうして、少なくとも、弁護人は、検察・裁判所に逆らっては、被告人のためにならないということを、刑事裁判を通じて日夜教育されていくわけである。

弁護人が裁判所に協力すれば、裁判官も協力してくれる。執行猶予がつくのであれば、審理が終了し次第、その場で判決をしてしまうことさえある。判決の言渡しは、簡単な事案であれば、審理終了後、通常は一週間後に設定されるが、たまたま一週間後が、連休の狭間だったりすると、裁判官は、判決言渡しのために、検察官や弁護人をわざわざ法廷に呼び出すのが気がひけるのであろう、本当は、自分が休みたいのであろう、その場で判決してしまうこともある。実際に即日判決をしたある裁判官は、「被告人質問における弁護人と被告人の応答を聞きながら、裁判記録を全部読めたから」と言い訳をしていたが。

仮に、さんざん被告人を脅かしても、どうしても、法廷で「自分はやっていません」と言いつづけるのであれば、捜査段階における調書には弁護人の同意があるから、その調書を証拠にして被告人の犯罪事実を認定してしまえばよい。当然、被告人には、本件犯行についてまったく反省がないということになって、量刑はがくんと重くなる。

弁護人が調書の証拠採用に「不同意」であったらどうか。証人尋問が行われて、裁判は延々と長引くことになる。検察側の立証が終わるまで被告人の保釈を許さないという取扱は、ほぼ固まっているので、調書の証拠採用に「同意」すれば執行猶予が付されることが予想される事件で、あえて「不同意」にして、一年や二年も被告人を獄中に放置するというやり方は、まともな神経の弁護人には、到底選択しがたいだろう。

証人尋問の結果、無罪ということならまだよい。しかし、証人尋問においてたとえば被害者が供述することと、被害者の捜査段階における調書の内容が異なった場合、本来は、伝聞証拠よりも、裁判官の面前における供述が採用されそうなのに、たまたま、刑事訴訟法に、伝聞証拠排除の原則の例外として、捜査段階における調書のほうが「特に信用できるとき」には、伝聞証拠を証拠として採用できるという規定が存在することを利用して、調書の記載内容のほうが信用性が高いとして、調書を証拠採用してしまうという便法が、よく使われるのである。これで、被告人を有罪にできる。例外の原則化であるが、この伝家の宝刀が使用される頻度は驚くばかりである。

以上は、裁判の話であるが、注目していただきたいのは、現在の実務上、裁判が「有罪」

という結論に向けて有効に機能するためには、是が非でも、捜査段階の調書が、調書だけで「有罪」にもちこめる程度に充実している必要があることである。捜査段階の調書は、これほどまでに重要なものなのである。

†例外が原則の刑事手続②——被疑者調書は警察の作文

以下、警察・検察の捜査段階の話に移るが、したがって、捜査・取り調べも、要するに、関係者とくに被告人の「供述調書」に被告人の署名と指印をさせることが最終目的となる。

取り調べは、「言いたくないことがあれば黙っていてよい」という黙秘権の告知で始まるが、その直後からしゃべれしゃべれと怒鳴られるので、いつか、このことは、逮捕されている者の頭から吹き飛ぶことになっている。仮に黙秘したりしたら、担当刑事が、やましいから黙秘しているのだろうと怒鳴りだすのは必至であり、とくに、黙っていることが被疑者の状況を有利にするものではない。かえって、他の証拠で容疑が固まっているときにしゃべらないでいると、反省がないとか捜査に協力しないとかいうマイナス点につなげられるのが通常である。黙秘権の告知は、お笑いの類であると言ってよい。被疑者調書というのは、被疑者（起訴前の犯罪者は周知のように被疑者と呼ばれる）が、警察官や検事に対してしゃべったことを、警察官や検事自身が書き取り、それを被疑者に読み聞かせて、自分がしゃべったことと警察官や検事の作文の内容とが同一である旨を確認させ、その証として、その作文の末尾あたりに、被疑者に署名と指印（左手の人指し指に黒いインクを付けて、紙にその者の指紋をつけること）をさせた文書である。

被疑者は、もちろん、自分に有利なこともしゃべるが、被疑者に有利なことを逐一書き取ったのでは調書にならない。ここで、怒鳴ったり、場合によっては、正座させたり、起立させたりという「強制」がなされるのである。「強制」には北風もあれば太陽もある。よく用いられる手法は、犯罪を否認している被疑者に対し、犯罪を犯したことを認めて調書にサインをすれば、釈放してやる、認めなければ裁判で有罪にし、何年も懲役に行くようにしてやる、どっちがよいか考えたらどうだという甘言である。これが警察官の言葉であれば、警察は大体、体育会系であるし、「俺を信じられないか」と、理屈抜きで人情味豊かに言われると、大概の被疑者はころっとまいってしまう。しかし、起訴（裁判にすること）するかどうかを決めるのは検事であるから、この警察の約束は、もともと「守れない約束」なのである。

検事は、犯罪を認めた被疑者調書があれば、もちろん起訴する。被疑者調書で犯罪を認めていなければ、他の証拠で有罪にもちこめる可能性がある場合を除いて、起訴しない。警察官の約束とは逆なのである。起訴されてしまえば、取り調べはもうないから、被疑者が、約束の主である警察官に会う機会は永遠にない。件の警察官は、面と向かって「約束が違うじゃないか」と、被疑者に罵られることもないのである。

こうした「強制」に屈しなかったり、騙されない被疑者が稀にいる。「冤罪」となって、起訴されず、釈放される剛の者も確かにいるのである。しかし、警察に、こいつは絶対やっていると思われたら、ヒーローとしての即時生還はなかなか難しい。重要なことは、被疑者調書は、警察の作文であり、しかも、被疑者が署名指印した際の調書と、証拠として裁判に提出する際の調書との同一性を確保するための、調書の各葉の編綴部分に押される割印は、警察官の印だけで良いことになっていることである。割印には、被疑者の指印は用いられない。つまり、被疑者調書は、中身の抜き換えが、制度的に可能になっているのである。警察に絶対黒だと睨《にら》まれた被疑者が、自分の犯行を否認し続けるとどういう結末を迎えることになるかは、この一事を指摘しておくだけで、十分想像が行き届くであろう。

†例外が原則の刑事手続③――逮捕状を裁判所はチェックしない

取り調べは、逮捕から始まる。逮捕されると、二十日間「勾留」される（勾留前の逮捕期間は長くて三日である）。その間に取り調べを受けて、「起訴」されて裁判になるという順序になるのであるが、逮捕は、現実には、どんなふうに行われているのだろうか。

現行犯逮捕以外は裁判所の発する逮捕状がないと逮捕できない、逮捕するときは、逮捕状を示すべしと刑事訴訟法には書いてある。サスペンスドラマでも、インテリの被疑者が、警察に追い込まれていよいよ観念するときの最後の台詞は、「逮捕状を見せてくれ」である。裁判官が自分の逮捕を認めたのであればしかたがないという心情なのであろう。気の毒にも、サスペンスドラマの主人公は、裁判官が警察の捜査をチェックして、その上で逮捕状を発布したと考えているようである。

現在参議院議員をやっている佐藤道夫という、もと札幌高検の検事長がいるが、彼が、例の盗聴法を批判する件で次のように言っていた。「盗聴するにあたっては、裁判官の発する令状によるから警察の乱用をチェックできる」という容認論の根拠があるが、「逮捕状を発するときの裁判官のチェックをみれば、乱用を防げないことがわかる」というのである。もと高等検察庁の検事長が言っているのだから間違いない。チェックなどしていないのである。

刑事訴訟法には、裁判所は、「被疑者が罪を犯したことを疑う相当な理由があると認めるとき」に逮捕状を発すると書いてあるが、たとえば、殴られました、騙されました、盗まれましたという被害者調書があれば、それだけで、逮捕状は出てしまう。被害者調書なるものは、裁判の最後まで、「極めて詳細で迫真性に富み、供述内容も合理的で十分に信用できる」などという評価を裁判官から受けるのが通常なのであるが、もちろん被疑者調書と同様に、警察官の作文であり、実際には、誇張やでたらめが混入することが避けられないものである。しかし、これだけで、逮捕状は見事に裁判所から発せられるのである。少なくとも、逮捕されようとしている者の言い分を聞いてみようという発想は、逮捕状発布の裁判所の実務にはない。

通常、被疑者を逮捕するのは警察である。警察は、逮捕後四十八時間以内に、検察に対し、逮捕された者の身柄を捜査関係書類とともに「送致」しなければならない。受け取った検察は、「留置の必要があると思料するときは」二十四時間以内に勾留請求を裁判所にする。裁判所は、速やかに勾留状を発する。ただし、勾留の理由がないと認めるときは、直ちに釈放を命じなければならないと刑事訴訟法は規定している。勾留が認められるとまず、十日間留置され、やむをえない事由があると認められるときはさらに十日間勾留期間は延長される。「やむをえない」事由があるときと刑事訴訟法は規定しているが、例外の原則化現象はここでも健在で、勾留は延長されて、二十日間になるのが常態である。

裁判所が勾留状を発する際には、被疑者に対し、勾留質問なるものがなされる。おそらくは、二十五をあまり超えていないであろう若い裁判官が、老人の逮捕者に向かって、被疑事実を読み上げ、次いで、「君はこういうことで逮捕されたが、何か言いたいことがあるかな?」と横柄に言っているのを見て驚いたことがある。二十五歳の若造が老人に対して君呼ばわりはないだろうと思ったのである。何か言いたいことがあるかと言われて、「こんなこと覚えがありません」などと言っても無駄である。「ここは、そういう話を聞く場ではないから」というのが、裁判官による決まった回答である。

ところで、法令上は、「送致」以後、被疑者の身体の拘束は、法務省の管轄に入ることになっているが、現実には、被疑者は、警察の留置場にとどめおかれる。これを、一部の弁護士は、「代用監獄」で違法だと言っている。彼らの言い分は、勾留中の取り調べは警察がするにしても、被疑者の身体の保管は、法務省ですべきだというのである。そうでないと、自白を迫っている機関と同じ機関が身体を拘束していることになり、警察が自白強要の温床になってしまうからというのであるが、仮に法務省の管理下に入っても、検事だって自白を強要するのだから、身柄が、法務省にあっても警察にあっても被疑者にとっては、同じなのではないか。実際に、被告人にざっくばらんに聞いてみると、法務省の施設である小菅の東京拘置所には冷暖房がないが、警察の留置場にはあるので、警察のほうがずっと快適であると言って憚らないものがほとんどである。

逮捕状は裁判所に出させ、逮捕後は検察に送致して、検察から勾留請求をさせ、さらに裁判所が勾留質問をするというシステムは、いかにも、警察の行為に対する、検察と裁判所による何重ものチェックがなされているかのような外観を作っているのであるが、現実にはチェックがないことは、ご覧のとおりである。

それればかりか、現在の裁判所による保釈制度の運用は、捜査段階におけるできるだけ早期の「自白」を強要しているとしか思えないものである。保釈は、起訴後に弁護人から申請すれば原則として許さなければならないことに刑事訴訟法上はなっている。例外として、「被告人が証拠隠滅をすると疑うに足りる相当な理由があるとき」等には、保釈はしないでよいという体裁である。しかし、くどくて気がひけるが、例外はここでも原則なのである。捜査段階で否認していると、裁判所は、証拠隠滅をすると疑うに足りる相当な理由があるという判断に一〇〇パーセント至る。どうしてそうなのかについては、最高裁以下の裁判例に豊富な屁理屈の山がある。新米を脱した弁護人は、誰でも、捜査段階で被疑者に接見（被疑者に留置場で会うこと）すると、起訴後の保釈のことを考えて早く自白したほうがいいよと親切なアドヴァイスをすることになるのである。

†裁判所・検察・弁護人による自白強要のトライアングルの完成

かくして、裁判所・検察・弁護人による自白強要のトライアングルが完成する。

逮捕されたら、つまり、警察がしょっぴく気になったら終わり。早期に自白して、起訴猶予か保釈か執行猶予で社会に復帰するのが一番。お気づきのように、これは、時代劇でなつかしいお白州の場である。

こうした刑事司法の実態を、日本の世間が認めるものであるかどうか、自白強要のトライアングルの一角を文字どおり担っている私が判断すべき立場にはもはやないだろう。しかし、わずかな真の意味での冤罪が存在することに目をつぶれば、刑事被告人にへつらうかのような「人権」論が跋扈する世界と現状とを比較して、日本の世間は、現状を肯定するのではないかという思いを禁じることはできない。

「天皇を中心にした神の国」の平和と幸福は、ヨーロッパに強制された「人権」に拘泥することを回避することで、もたらされたものであるかもしれない。そう考えると、例外規定の原則化がなされる際に裁判所によって弄される屁理屈も、神々を讃える祝詞《のりと》のように、一種なつかしい神聖な響きを伴って聞こえてくるではないか。

人権は国家主権を超えられるか

片岡鉄哉（スタンフォード大学フーバー研究所顧問）

†Send Him to Marines

「海兵隊に送れ」という言い回しがアメリカにある。どこの社会でも非行や犯罪は、若い男のすることである。テスタステローンが多すぎるのである。だから終身刑で監獄入りして、年をとると温厚な普通の人間になってしまう。

非行と犯罪のグレーゾーンで生きている青少年が、アメリカ大都市のゲトーにひしめいている。ギャングという徒党を組んで生きている。ロサンゼルス、ニューヨーク、シカゴ。どこにでもいる。ごきぶりのように生命力がある。それしかない。それでも人に抜きん出ようとする。カネが欲しい。警察の「暴力」がなかったら、いつ爆発してもおかしくない。そういう青少年に対する処方箋が、「海兵隊に送れ」なのである。

ゲトーにいるのだから、黒人が多い。いつまで経っても最下層は黒人らしい。どれほどヒスパニック（メキシコ人）が増えても、黒人はその下になる。共和党の大統領候補ブッシュの弟にフロリダ州知事がいるが、彼の奥さんはヒスパニックである。十五人の歴代大統領と血縁のある彼が黒人の奥さんをもらう気になっただろうか。

ところがゲトーで育った荒っぽい素材を海兵隊が練り上げると、立派な戦士になる。「戦争の犬」になる。上流階級の子弟には真似のできないマリンになる。

アメリカの軍隊のなかで、いちばん獰猛果敢なのが海兵隊という軽歩兵である。豊臣秀吉のつくった耳塚を極道よばわりするむきがあるようだが、海兵隊の記録写真を見せてあげたい。軽歩兵の仕事は乃木将軍が旅順の二百三高地をとった頃と変わらない。手摑みで人を殺すことである。

しかし海兵隊は殺人鬼の集団ではない。もっとも効率的な戦争の道具である。戦争の目的は勝つことである。クローセヴィッツにいわせると、戦争の第一原則は、勝つためにはなんでもやるということである。海兵隊という組織が勝つためには、個を犠牲にしなければならない。マリンには命より大事なものがあることを教え込まなければならない。それが名誉である。

ついでだが、海兵隊と対等に戦って負けないという集団があった。マッカーサーの下に第八軍というのがあり、その司令官がアイケルバーガーという中将だった。退職してから書いた回顧録『東京へのジャングルの道』の中で、彼は、一生に一度だけやってみたいことがある。それができないのが残念だと述懐している。それは日本帝国陸軍の一個大隊を指揮して戦闘することであった。

†合衆国の覇権は制度的な人種差別に依存している

アメリカという国家は、老練な白人の政治家が握っている。彼らの従順な手先となり、勝つために一番きたないことを喜んでやる集団は、黒人で成り立っているのである。この人種差別は、ベトナム戦争の敗戦の教訓から生まれた。あの戦争は、ハノイが勝ったというよりはアメリカが負けたのである。その理由は徴兵制度にあった。徴兵制が反戦運動の温床だったのである。

アメリカの反戦運動に火をつけたのは、ハーバードやプリンストンの学生、つまり白人エリートである。彼らが殺されることを拒絶したことが反戦運動の大きな動機である。徴兵制度が余りにも平等だったので、誰も義務を逃れることはできなかったのである。

平等な徴兵制度がアメリカにできたのは、真珠湾攻撃のおかげである。国家が危険に曝《さら》されると市民に犠牲を押しつける。犠牲が大きければ大きいほど、公平に分け合う必要に迫られる。「お国のために」と「誰もがするから」となる。真珠湾という国難はこれを可能にした。

しかしベトナム戦争とは、アメリカがベトナムを攻撃するという話である。ベトナムは真珠湾を攻撃していない。だから、「お国のために」と言えない。「誰もがするから」とも言えない。国家が不義の戦争をすると、国民は狡猾《こうかつ》になる。国家共同体を無視して、自分の利益を優先させる。

裕福な白人上流階級の子弟が、そうした。彼らは徴兵制度を拒絶した。彼らを徴兵から免除しないと戦争ができない。戦争ができないと、アメリカのヘゲモニーは維持できない。そこで、ニクソン大統領が志願制に切り換えた。これで上流階級は兵役と縁がきれたのである。他方、ゲトーにひしめくゴキブリ集団から選りに選って、"a few good men"を海兵隊がとる。これは絶妙な制度である。アメリカ合衆国の覇権は、制度的な人種差別に依存しているのである。志願兵はボランティアと呼ばれる。だから差別に見えないだけのことである。だが志願制のみそは裕福な白人を兵役から免じることなのである。

もう一つ、つけくわえよう。ゲトーに巣食うゴキブリを立派な戦士に鍛え上げる媒体は正義である。国益である。正義は国家が定義する。個の利益より高いものを守ることの崇高さを教えることができるのも国家である。

上記のエピソードは、アメリカの国権が人権に優先している好例である。すべての場合に、国権が人権に優先するとは言えない。自然権の哲学によると、人権を蹂躙する政府を転覆する場合もありうる。

しかし人権と国権が基本的に相容れないものだという見かたは、たわ言に過ぎない。強い、よい国家がなくては人権は守れないのである。政府がまともである限り、人権を守るために国権をおろそかにすることはありえないのである。国家あっての人権なのである。これが本論文のテーマである。

†自然権という人権論の一番の弱点

日本での人権論を聞いていると、「お神輿《みこし》だなあ」と感じる。わっしょい、わっしょいと興奮した集団が押し合いする結果として、誰も予期しないところに行きつく。この比喩を使ったのは故丸山真男である。私は、彼が毛虫のように嫌いなので、お神輿論を無視してきた。しかし、最近、正鵠を射ているかなと思うようになった。人権を平和や国連といっしょくたにして、なんとなく淡い憧れを感じている。そういった感じをうける。理論がないのである。その結果、人権 (human rights) と市民権 (civil rights) を混同している。

人権論の背後にあるのは平和症候群とでも呼ぶべき態度である。漠然とした態度である。あるいは、マルクスのいうイデオロギーと呼んでもいいだろう。彼は、イデオロギーをして false consciousness と定義する。労働階級やブルジョワ階級が、各々の階級的立場に相対する意識を持つ。これがイデオロギーである。だが相対的なものは真実でない。だからマルクスはイデオロギーを「擬似意識」と呼ぶのである。日本の人権論には擬似意識が濃厚である。

擬似意識を持った人達が数を頼んで、気勢をあげているといった感じである。数が多くなると暴走する。それは戦後日本の社会が脅しに弱いからである。その点で、人権暴走は右翼の街宣車による暴走と変わりない。理論がなくて、スローガンだけなのである。ここでは、先ず、人権と市民権の差異を考えてみよう。

人権という概念の起源は、十八世紀に西欧を風靡した啓蒙主義（Enlightenment）である。啓蒙主義は、単に古いものや伝統に権威があるとする思考への反逆だった。理性と合理性による、迷信に対する反乱であった。その背景には近代科学の成果がある。科学の手法を真似することで、その普遍性と合理性を人間の学問に導入しようという試みであった。啓蒙主義の旗手には、デカルト、ディデロ、ベーコン、ホッブズ、ロック、カント、フィヒテなどがいる。

啓蒙主義の運動では、科学が新しい規範になった。科学の真理には普遍性がある。理性に訴えることから、個々の国家、文明、宗教の地方性（parochialism）を偏見として暴露する力がある。さらに、科学の進歩にはオープンで自由な社会が不可欠である。だから科学の進歩には民主主義が前提だという結論になる。人権運動を生んだ土壌の中には、民主主義以外の政治（貴族制度や天皇制）は時代錯誤だという暗黙の合意がある。

啓蒙主義の哲学は、科学の手法に従って、普遍的で簡単な第一原則から説き起こす。そして理詰めで学説を構築しようとする。その第一原則が自然権（natural right）と呼ばれる個人の権利である。一番最初に個人の権利があって、それを守るために政府がつくられる。時系列的に人権が先行する。人権が目的で、政府は手段である。最初に都市国家があるとしたギリシャ古典哲学の逆である。

合衆国の独立宣言と憲法は、ジョン・ロックの哲学を基盤にしたものである。私は、フィラデルフィアでこの憲法を書いた建国の父たちとリンカーンに一目おいている。立派なものである。フィラデルフィアの賢人たちはフランス革命にも大きな影響を与えている。

ロックによると、人間にはすべて命を全うしようとする願望がある。動物的な自己保存の本能がある。これが第一原則である。命をまっとうするには、命を支える最低限の財産も必要になる。

独立宣言は、「生命、自由と幸福を追求する権利」を自然権として定義している。合衆国憲法は、独立宣言を敷衍して、「生命、自由と財産への権利」を謳っている。「幸福の追求」

が「財産」と替わったのは偶然ではない。それは、アメリカという資本主義国家では、幸福の追求には財産が不可欠だという意味である。

「生命、自由と幸福を追求する権利」という自然権が人権の原型である。しかし資源に際限がある自然の状態では、自己保存本能を追求する人間たちの間で、必ず争いがおきる。トーマス・ホッブズにいわせると、"war of all against all" が常におきる。自然の状態での人間の命を、ホッブスは、"short, nasty, brutish, and solitary" だと形容する。自分で自分を守るしかない状態である。弱肉強食である。だから、弱い者の権利は、名ばかりで実のないものとなる。

そもそも自然権が権利であるかどうかは疑わしい。ホッブズとロックの掲げる第一原則、即ち、万人は命の安全を追求する、というのは客観的、経験的事実である。科学を追求していた彼らは、事実の観察から出発した。"is" から出発する。しかし、万人が追求する命の安全は尊重されなければならないと結論する。生命の安全は権利だというのである。これで、"is" が "ought" になる。経験的な事実が、規範的な価値にすり替えられる。

自然のなかで人間は自分の命を守るために戦う。だから命への権利 (right to life) を持つ。

というのだが、これは論理の飛躍である。弱肉強食から権利は生まれてこない。これが自然権という人権論の一番の弱点である。

ともかく、自然の状態では「生命、自由と財産への権利」が常時危険に曝されるので、自己保存の本能から出発した人間は、「孤独な暮らし」を捨てて、徒党を組む。独立宣言によると、自然の状態での「権利をよりよく確保するため」に合衆国という政府をつくる契約を交わすことになる。ここで人権が市民権に生まれ変わり、法の保護をうける。

人権（自然権）には保障がないのである。各個人が自力で守るだけである。保障するエージェントがいない。だから本当の意味の権利でない。他方、市民権は契約で生まれる、とされる。政府が市民権を保証するエージェントである。法治国家の法律を執行するのは政府である。しかし同時に、政府は、市民に対する徴税、司法、徴兵などの権利を獲得する。ホッブズの政府、リヴァイアサンは怪獣である。

†法の裏付けのあるものだけが権利である

市民権を持たずに、人権だけを持つ人間とは、どのような状態に置かれるのかを考えてみよう。その好例が、ベトナムのボート・ピープルであろう。彼らはベトナムという国家と市民権を放棄して漂流した。どこかの国家が帰化を許して市民権を与えるまでは、「自然の状態」で漂流をつづける。あるいは、一時的に難民として身を寄せた国家の収容所に入るしかない。彼らに市民権を付与する義務は、受け入れ側にない。

人権（自然権）を「よりよく確保するため」に市民権の契約をするとはいっても、両者の間には天と地の差がある。自然の状態では本当の意味の権利はない。自然権という人権は絵にかいた餅なのである。市民権だけが本当の権利である。国家がなければ権利はない。法の裏付けのあるものだけが本当の権利なのである。

人類、あるいは非市民に対して国家が負うものがあるとすれば、道義的なものでしかない。同情ぐらいである。全人類の人権を保障するような国家は、どこにもない。尊重しましょうと謳うだけである。国連憲章で守りましょう、と願望するだけである。実際に人権問題がおきた時に何をするかは、国連の安保理で常任理事国が決める。彼らの反対がない場合だけ実行される。

ルワンダの大量虐殺や、エリトリアの戦争のように、常任理事国が見て見ぬふりをすれば、無視されるのである。とはいっても、これは市民権だけとれば、どこの国の市民になっても構わないということではない。

難民になって他国に亡命したほうがましな国もあることは言うまでもない。人権と国権の衝突が不可避の場合、独立宣言は、市民が政府を転覆して新しい政府をつくる権利を留保している。

合衆国政府は、イギリス国王の政府を転覆して樹立されたとされている。合衆国政府に対する反乱も、世界級のでかいものがある。南北戦争である。これは合衆国政府が勝っている。だがリンカーン大統領が、奴隷解放、つまり人権擁護のために戦争をしたというのは真実ではない。彼は、"house divided"(家の分裂)は許されないという理由で開戦している。言ってみれば、合衆国政府の組織防衛である。奴隷解放という議題は、勝利の暁に登場してきた。後からのつけたり的なところがある。蛇足だが、フィラデルフィアでできた合衆国憲法は奴隷の存在を認知していたのである。

†国家は戦争に勝った者がつくる

ホッブズにとっても、ロックにとっても、自然の状態は忌避すべきものであった。人間が一刻も早く逃げ出したがるものであった。ヘーゲルにいわせると、啓蒙主義哲学が発想した自然の状態とは、国家を合法化・正当化するための道具である。

国家が契約から派生するという説も、ヘーゲルは、歴史を無視した人為的な発想だと考えていた。私もそう思っている。国家は戦争に勝った者がつくるといったほうが真実に近い。

鳥羽伏見で勝ったほうが明治政府をつくった。第二次大戦の勝者が日本という平和国家をつくった。合衆国政府も独立戦争の勝者がつくった。あの戦争は英米間の戦争であると同時に、米米戦争でもあった。ロイヤリストというのがイギリスと組んだのである。フランスに至っては、共和国の番号が変わるたびに、革命やクーデターが起きている。中華人民共和国も戦争の結果である。

人権が国家に先行し、国家が契約で誕生するといっても、リヴァイアサンとの契約を随意に解約できるわけではない。市民の一人一人に解約の権利を附与すれば、無政府状態、つまり自然の状態にもどることになる。それを避けるためにリヴァイアサンは怪獣にしてあるのだ。

アメリカにいる私の友人が、合衆国政府を相手に最高裁までいって争ったことがある。彼は、徴兵制度が、独立宣言の唱える生命への権利を侵害すると告訴したのだった。最高裁はそれを却下したが、その理由はつけなかった。独立宣言を盾にとって、反乱を起こす権利を否定してはいない。国家が戦争の過程で生まれる以上、交戦権は超法規の問題なのであろうと推察する。

私個人についていえば、日本政府が私の生命と自由を守れなくなった時に、反乱を起こす権利を留保したいと思っている。

独立宣言を克明に読むと、国家自体に条約を結んだり、戦争をする権利を附与していることがわかる。市民の権利と国家の権利が並立しているのである。合衆国政府もリヴァイアサンなのである。

どうしてそうなるのか。私の解釈では、ホッブズが想定したような自然の状態は、国家と国家の関係に実在するからであろう。"war of all against all" というのは国際関係の現実に他ならない。弱肉強食とは国際関係そのものでないのか。この状態で生き延びることを強いられる国家は、リヴァイアサンになる。

市民権は尊重されるべきだが、これは法治国家の国内問題である。それより大事なのは、戦争には必ず勝つことである（あるいは、勝てない戦争は絶対しないことである）。これは国内法の範疇に入らない。

ついでだが、アメリカ政府がいう中国の人権問題は、権力闘争の道具と言ってよいだろう。しかし、これは日本にとって有難いことこの上ない。中国が民主化したら、台湾問題は「平和的」に解決し、米中は手を握って日本を挟撃できるからである。

上記は、人権論の原点である啓蒙哲学にもどっての考察である。私は啓蒙哲学が正しいとは思わないが、ともかく日本の人権論者が口にするような甘っちょろい議論は、オリジナルには見出せない。

†法の秩序と人権は二律背反ではない

じつを言うと、私は、日本に世界級の人権問題が存在するのか疑わしいと思っている。日本に少数派の迫害・弾圧があるだろうか。人種的差別や宗教の迫害があるだろうか。他国と大雑把に比較してみて、日本は人権天国でないのかと思っている。

問題がないとはいえない。セクハラもあるだろう。在日韓国人・朝鮮人、同和の差別もあるだろう。しかしプライヴェートの領域での差別・偏見は、政府が干渉すべきものでない。政府が、日本人に韓国人と結婚しろと命令できない。当人が嫌なら、放置するしかない。

日本で論争になる人権問題は、外の世界ではとるに足らぬものが多いのでないか。アメリカでのセクハラにも、似たような点がある。男女の兵士が同じ兵舎で暮らし、女性を戦闘部隊に編入するのが男女平等だとされているが、これは女性解放論者の行き過ぎに政治が迎合しているに過ぎない。

日本で最近、論争になった人権問題に、警察による電話盗聴がある。だが、これは他の文明国家、たとえば、サミットのG-7メンバー国家では既成の事実である。だからいいということにはならない。しかし法の秩序と人権は二律背反ではない。

これまで国民総背番号制がなかったというのも、恐るべき怠慢である。脱税を大目に見ることが人権擁護にはならない。

どこの国でも、移民局が外国人の指紋をとるのは当然であり、「在日」だけを例外にしろというのは逆差別であろう。日本市民権の取得を拒絶しながら、選挙権や公務員の職権を要求するのも逆差別である。それを受け入れる日本人は脅しに弱いだけである。日本が人権天国だと疑う根拠がここにある。

つまり「人権問題」には擬似問題が多いのである。日本は少数派天国であり、侵害を受けているのは多数派と国家である場合が多い。これは「コンセンサス」による意思決定が慣習となっているからである。「コンセンサス」、あるいは「話し合いによる解決」とは満場一致であり、多数決拒絶であり、問題先送りであり、少数派横暴を意味する。

「コンセンサス」方式が定着したのは六〇年安保である。自民党の多数決を「数の暴力」と決めつけた社会党が、純正の暴力に訴えた。条約改定は国会で成立したが、「数の暴力」は民主主義でない。民主主義でないから「岸をたおせ」となった。そして岸が辞任することで、「コンセンサス」は解釈憲法の一部になった。

「コンセンサス」は今でも日本を迫害している。成田空港を見るがよい。日本は少数派天国なのである。少数派の脅しとゴネ得を制度として許している。人権問題が擬似問題である理由がここにある。

†人権論は鉄の四角形を維持する要素である

では「人権問題」の本質は何なのか。それは平和症候群の一部だということであろう。日本で、「人権、人権」と叫んで暴走する人種を見るがよい。彼らの暗黙の大前提はマッカーサー憲法であり、その憲法と憲法解釈の上に築かれた市民権である。その市民権の既得権益を守ろうというのだ。

日本のいわゆる人権問題の本質は、平和国家の中核であるマッカーサー憲法を守ろうということでないのか。これは本質的に人権問題ではなくて、無政府主義に近い。あるいは逆国家主義とでも呼ぼうか。

ここで人権論者の擬似意識の構図が見えてくる。彼らの本音は、既得権益の現状維持を望んでいるに過ぎない。国旗国歌への反対が示唆しているのは、国家をないがしろにすることを許してくれる国家が好いというのだ。「Aは、同時にAと非Aでありえない」というアリストテレスのロジックで片付きそうだが、そうならない。

今は故人である清水幾太郎が喝破したように、平和国家は本当の国家でない。それを永遠に維持しようというのだ。人権論者こと平和主義者たちは、自分が平和国家の墓穴を掘っていることを自覚していないのである。

彼らは、平和国家を擁護することで、平和国家の墓穴を掘ってきた。市民権の裏付けのない人権は無意味なのに、彼らは国家を忌避してきた。人権を守ってくれるのはよい政府、強い政府なのに、政府と人権を二律背反と解釈して、国家の足をひっぱってきた。さらに、それを自覚していない。

マッカーサー憲法と平和国家は、ごく限られた特殊な環境でしか存立できないものだった。私の判断では、高度成長が成功し、日本が経済大国として自他ともに許すようになった頃が年貢の納め時だった。ソ連がアフガニスタンを侵略し、これに応じてレーガン政権が立ちあがった頃には、平和国家は時代遅れだった。

その理由は他でもない。平和国家の前提条件であるアメリカが、日本の軍事ただ乗りに反対するようになったからである。

平和国家を操縦していたのは、政官財の各界からなる鉄の三角形である。しかし平和国家は憲法で正当化されており、憲法の正当性を守ってきたのは社会党であった。

社会党が憲法の守護神になったのは、衆参両院で改憲阻止の「三分の一の壁」をつくった時であり、憲法の正当性を確立したのは安保騒動である。あの時点で社会党は体制擁護に不可欠の要素になった。後日、これは自社さ連立という「野合」の成立で馬脚をあらわすことになる。社会党は、純正平和国家のイデオロギーを守るという大事な仕事を司ってきたという意味で、鉄の四角形を構成していたと言える。

だが平和国家などというものは、理論的に成立不可能なのである。それを無理してアメリカに押しつけることができたのは、第一に鉄の四角形が政治的に強靭な挙国体制だったことである。ダレスの改憲動議は却下された。第二に、アメリカをカネで買収したからである。

これが大平正芳の考案した総合安全保障のみそだった。防衛の重荷分担として、ヒトの代りにカネを出すことに決めたのが総合安全保障である。あそこが大事な分岐点だった。経済大国の目的を達成したのだから、普通の国に脱皮すべきだった。ドイツと同じ道を歩くべきだった。

アメリカとの軍事的協力を拒否しながら、経済的に脅しつづけることとは、危険この上ないことだった。だが日本は防衛ただ乗りの代りに、傭兵にカネを払う体制に転換した。そして、この新体制がどれほど恐ろしい結果を生んだことか。

アメリカ買収計画は裏目に出たのだった。日本はアメリカの財政赤字をうめるために投資をした。だが投資をすればするほど、アメリカの貿易赤字が膨れ上がったのである。これが双子の赤字である。分相応の自衛の努力をしていれば、この投資は避けられたのである。

そして貿易赤字は日本の市場が閉鎖的だからだということになる。なんといってもアメリカは日本を締め上げた。そして日本は、さらにカネを注ぎ込んだのである。

遂に、一九八七年のブラックマンデーがくる。株の大暴落で流動性の危機に陥ったアメリカは、ジャパンマネーが欲しい。そこで日銀の金利下げを要求した。バブルが起きる。

しかし、ここでもう一度、傭兵制度を廃止する機会がやってきた。湾岸戦争である。共和党のブッシュ大統領は、再度、カネよりヒトを求めた。参戦を要求したのである。しかし鉄の四角形は、海部俊樹を操って、ブッシュを拒絶した。カネしか出せないというのだった。

さらに、鉄の四角形は、ご丁寧にも改憲・政治改革を唱えた改革派を潰してしまった。「悪魔」だ、「アメリカのスパイ」だというのが理由だった。これで日本は完全な閉塞状態におちいることになる。

改憲と海外派兵の道を自分で閉ざした以上、日本は、嫌でも応でもカネを取られる破目になる。これがクリントン政権二期目の現状である。日銀が何度も何度もゼロ金利を止めたいと陳情した。そしてそのたびに、サマーズ財務長官がゼロ金利継続を下命している。「景気対策」という「一兎」を追えというのだ。

ゼロ金利を嫌うジャパンマネーは、アメリカに投資され、「非合理的な馬鹿さわぎ」と呼ばれた株の騰貴をもたらした。それでも財務長官は金利あげを許さない。しかし国内では、二兎を追えという世論が澎湃として起きていた。一兎を追えというクリントン政権と、二兎を追えという世論の板ばさみで、小渕総理は憤死した。

訪中の帰途、日本を素通りし、沖縄サミットへの出席を端折ったクリントンが、小渕総理の葬儀に出席したのは、良心の呵責があるからである。

これほどまでしても、アメリカを買収しようとするのは、周辺事態法というペテン法で、護憲を続けたいからである。政官財の癒着は憲法がないと維持できないのである。社会党がなくても結構だが、憲法だけは不可欠なのである。

人権論というのは、没落した社会党の後釜として、鉄の四角形を維持する要素だと言えるだろう。

政官財界は、政治権力を保持するために、傭兵にカネを貢いでいる。アメリカを買収している。買収されたクリントンは、護憲のお墨付きを出している。それが橋本・クリントン共同宣言のいう「ガイドライン見なおし」である。「ガイドライン見なおし」とは現状維持である。

政官財界は、今でもヒトの代りにカネを出しつづけている。そうすることで日本という国家を滅ぼしている。そして人権論は、政官財と共に憲法を守る鉄の四角形の構成員である。

現下の日本で最も切実な問題は、国家の衰退である。去年まで、『フォーリンアフェアズ』誌が日本の衰退に触れる時は、ハーバードのハンチントンに、さりげなく「三等国」だと言わせていた。しかし去年の年央に『ニューヨークタイムズ』の東京支局長が変わってから、新任のハワード・フレンチは、記事を書くたびに日本を嘲笑している。毎回ぶっ続けで、例外がない。そして『フォーリンアフェアズ』の最新刊は、遂に"Will Japan Rise Again?"という特集をくんだ。

このような国威の喪失の意味するところは、庶民には理解できない。国旗・国歌問題で、校長を自殺に負いこんだ広島県世羅高校の先生たちには理解できないであろう。日教組にも理解できないであろう。学級崩壊と憲法の関係も理解できないだろう。しょせん無理な話である。

彼らはすべて人権天国のぬるま湯に漬かって、とんちんかんであり、惰性で動くことしかできない。擬似意識なのである。

人権論者は、日本に軍国主義の危険が迫っていると思っている。憲法にしがみついて、国家を弱体化することが焦眉の急務だと思っている。国家がないから、経済が破綻したのだということは理解できない。

頭脳のない人間は、皮膚で感じるしかない。その日は二〇〇三年に来る。政府が消費税をあげる年と公言している年である。『フィナンシァル・タイムズ』によると、一五%まで増税しても借金の利子しか払えない。元本は残る。元本を返済するには二〇%だろうか。

社会福祉も、厚生年金も、すべて破綻するだろう。少子化でＧＤＰは下落する。そこまで衰退したら、憲法と日本没落の関係を理解してくれるだろうか。

人権論者を見て感じるのは、悪でも邪でもない。幼稚さである。パブロフの犬のように条件反射しかできない。半世紀も「瓶づめ」になってきたからであろう。国家が滅びたら人権もへったくれもないのである。

彼らは、第一の敗戦から何も学ばなかった。第二の敗戦からも何も学ばなかった。だから、おそらく第三の敗戦がくるのだろうと私は思っている。

あとがき

呉智英

本書を一読すればわかるように、「人権への懐疑」は既に皮肉屋の奇説のたぐいではなくなっている。これだけの論客たちがそれぞれに人権イデオロギーに対する根源的批判を発するところまで、その矛盾や限界は決定的になっているのだ。

本書は、従来の保守・革新、体制・反体制という枠を超えたものである。いや、近時、人権の孕む問題は、そうした枠では論じきれなくなっている。ジャーナリズムやアカデミズムの中枢に特権的ポストを占め、通俗的正論を垂れ流すことをショーバイにしている人たちはあえて知らぬふりをしているけれど、意外な人たちが鋭敏にも「人権という桎梏」に気づき始めている。

こんな体験があった。

私のもとによく講演依頼がくるが、この数年間で二度、予期せざる講演依頼があった。そのテーマを予期しなかったのではない。人権思想は真理にあらず、というテーマだったからである。これは、私が著作で何度も述べていることだ。予期しなかったのは、講演依頼者であった。

一度は、アムネスティである。アムネスティから、人権は真理にあらずという啓発的な講演をしてくれ、と言ってきたのだ。私は何かのまちがいだろうと思って念を押したのだが、まちがいではなかった。電話口で依頼者の青年は「オバカさんが多くて困っていますから」と言った。講演料は、交通費やプリント制作代など諸経費込みで一万円である。講演は誠実にやれば、前日の準備も含めて二日仕事になる。それで一万円。私は喜んで引き受けた。

二度目は、水俣病のキャンペーン展示会である。その分科会のテーマが「水俣病と差別」である。そこでもやはり、人権は真理にあらずという啓発的な講演をしてくれ、と言う。私と一緒に講演するのは、ある女性患者である。彼女は水俣病患者として差別され、故郷を追われた後、今はある被差別部落に温かく迎えられてチッソの責任を追及している。この依頼も何かのまちがいかと思ったが、そうではなかった。従来の平板な正義が支配する展示会とは次元を異にする講演会にしたいというのだ。講演料は、やはり諸経費込みで一万円。講演後、その一万円はカンパとして寄附した。

人権イデオロギーの最前線にいる人たちが、人権という桎梏を感づきだしている。私は、最前線に立つ人たちには、それがどんな戦線であっても、とりあえずまず共感する。たとえ侵略軍であっても、最前線の兵士には、後方で命令するだけの将軍連とはちがう何かがあるような気がするからだ。

知り合いのさる高名な評論家は、自治体などが主催する人権啓発の講演をしばしば引き受ける。その自治体は、革新系のこともあるし保守系のこともある。この人権啓発とは、もちろん、人権は真理であるという話である。講演料は三十万円。彼はプリントも作らずいつも同じ話をする。

三十万円かぁー。私がそう言うと、彼は、俺は一介の評論家だからなぁ、と自嘲的に呟いた。部落解放同盟の幹部なら、人権啓発の講演一回で五十万円から百万円が普通なのだ、と彼はつけ加えた。「三十万円かぁー」の意味を、彼は正反対に取りちがえたらしい。

人権抑圧とは、人権という抑圧の意味である。人権問題とは、人権が生み出した差別、腐敗、搾取、殺戮という問題である。これを取りちがえないような時代が二十一世紀であることを願いたい。

執筆者紹介

佐伯啓思（さえき・けいし）
一九四九年奈良県生まれ。東京大学経済学部卒業。同大学大学院経済学研究科博士課程修了。滋賀大学助教授を経て、現在、京都大学大学院人間・環境学研究科教授。
主な著書に『隠された思考』（筑摩書房、サントリー学芸賞受賞）、『「アメリカニズム」の終焉』（TBSブリタニカ、東畑記念賞受賞）、『現代日本のリベラリズム』（講談社、読売論壇賞受賞）などがある。

呉智英（くれ・ともふさ）
一九四六年愛知県生まれ。早稲田大学法学部卒業。評論家。
主な著書に『バカにつける薬』『サルの正義』『封建主義者かく語りき』『現代マンガの全体像』『知の収穫』『賢者の誘惑』（以上、双葉文庫）、『危険な思想家』（メディアワークス）、『マンガ狂につける薬』『ロゴスの名はロゴス』（メディアファクトリー）、『放談の王道』（共著、時事通信社）など多数ある。

髙山文彦（たかやま・ふみひこ）
一九五八年宮崎県生まれ。法政大学文学部中退。ノンフィクション作家。
平成七年度と十年度の二度にわたって「雑誌ジャーナリズム賞・作品賞」を受賞。『火花　北条民雄の生涯』（飛鳥新社）によって第31回大宅ノンフィクション賞を受賞。他の著書に『いのちの器』（ふたばらいふ新書）、『地獄の季節』『「少年A」14歳の肖像』

（以上、新潮社）、『愚か者の伝説』（講談社）、『運命』（文藝春秋）などがある。

定方晟（さだかた・あきら）

一九三六年東京生まれ。東京大学教養学部卒業。同大学大学院印度哲学博士課程修了。東海大学専任講師・助教授を経て、現在、東海大学文学部教授。
主な著訳書に『チベットの文化』（共訳、岩波書店）、『須弥山と極楽』『空と無我』『大乗経典を読む』（以上、講談社現代新書）、『インド宇宙誌』『インド性愛文化論』（以上、春秋社）、『異端のインド』（東海大学出版会）など多数ある。

山口宏（やまぐち・ひろし）

一九五四年東京生まれ。早稲田大学法学部卒業。同大学大学院法学研究科中退。弁護士（第二東京弁護士会登録）。
主な著書に『法律学の正体』『債権取り立ての法律学』（共著、洋泉社）、『裁判の秘密』（共著、宝島文庫）、『うかつな男としたたか女の法律講座』（講談社）、『司法崩壊』（PHP研究所）、『裁判のカラクリ』（共著、講談社）などがある。

片岡鉄哉（かたおか・てつや）

一九三三年栃木県生まれ。早稲田大学第一政治経済学部卒業。シカゴ大学大学院比較政治学専攻博士課程修了。ｐｈＤ取得。ニューヨーク州立大学教授、筑波大学歴史・人類学系教授、スタンフォード大学フーバー研究所上級研究員を経て、現在、同研究所顧問。
主な著書に『日本永久占領』（講談社＋α文庫）、『さらば吉田茂』（文藝春秋）、『退場するアメリカ』（PHP研究所）、『〝黒船待ち〟の日本』（日本教文社）などがある。

宮崎哲弥（みやざき・てつや）
1962年福岡県生まれ。慶應義塾大学文学部社会学科卒業。同大学法学部法律学科中退。広告会社研究員を経て評論家。時事論、大衆思想批判、政治思想を主領域とする評論を執筆する一方でシステム・プランナー、ラジオ・パーソナリティとして活躍中。研究開発コンサルティング「アルターブレイン」副代表。
著書に『正義の見方』（洋泉社）、『身捨つるほどの祖国はありや』（文藝春秋）、『「自分の時代」の終わり』（時事通信社）、『新世紀の美徳』（朝日新聞社）、共著に『放談の王道』（時事通信社）、『愛と幻想の日本主義』（春秋社）、編著に『ぼくらの「侵略戦争」』『夫婦別姓大論破！』（共に、洋泉社）がある。

新書y 016

人権を疑え！

発行日	2000年10月21日　初版発行
編者	宮崎哲弥©2000
発行者	石井慎二
発行所	株式会社 洋泉社 東京都千代田区神田小川町3-8 〒101-0052 電話 03(5259)0251 振替 00191-2-142410㈱洋泉社
印刷・製本	図書印刷株式会社
装幀	菊地信義

落丁・乱本のお取り替えは小社営業部宛
ご送付ください。送料は小社で負担します。
ISBN4-89691-494-5
Printed in Japan
洋泉社ホームページhttp://www.yosensha.co.jp

洋泉社 新書y

001
私は臓器を提供しない
近藤誠・中野翠・宮崎哲弥・吉本隆明ほか

「愛の行為」「いのちのリレー」という美名の下になされる脳死・臓器移植。賛否の論議を究めず闇雲に「ことを進める」のはなぜか？ 十名の論客がそれぞれ「私」からの発言で疑問を呈す。

●定価：本体六六〇円＋税

002
中年男に恋はできるか
小浜逸郎＋佐藤幹夫

援助交際から不倫・セクハラまで。ハゲからもてない男まで。形而上学的話題から下世話な話まで。いい年をして枯れることのできない「中年のエロス」の問題を縦横に語り尽くす。

●定価：本体六六〇円＋税

010
なぜ人を殺してはいけないのか
新しい倫理学のために
小浜逸郎

現在、なぜ〈汝、殺すなかれ〉という掟は機能しないのか？ 人倫のタガが緩んだ「退屈と空虚と焦燥の時代」に、古くて新しい「永遠の課題」を具体的な状況との接点から考える。

●定価：本体六八〇円＋税

014
なぜ大人になれないのか
「狼になる」ことと「人間になる」こと
村瀬学

「やさしいいい子」がなぜ残忍な事件を起こすのか？ 最近の少年事件や、風俗現象に見られる若者像をとおして、やさしさと残酷さの深層に「狼になる」というキーワードで迫る。

●定価：本体六八〇円＋税

http://www.yosensha.co.jp